Impressum
Verlag: BABADADA GmbH, Nedderfeld 112 , 22529 Hamburg
Geschäftsführer / Verlagsleitung: Harald Hof
Druck: Books on Demand GmbH, In de Tarpen 42, 22848 Norderstedt

Imprint
Publisher: BABADADA GmbH, Nedderfeld 112 , 22529 Hamburg, Germany
Managing Director / Publishing direction: Harald Hof
Print: Books on Demand GmbH, In de Tarpen 42, 22848 Norderstedt

ቤት-ትምህርቲ

σχολείο

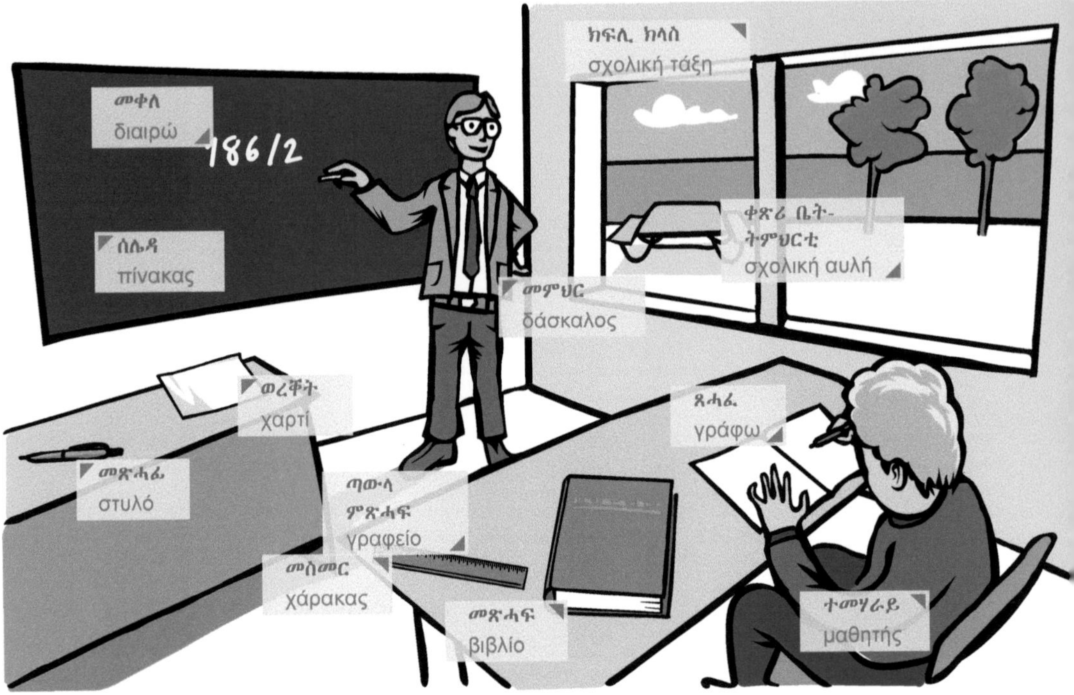
ክፍሊ ክላስ
σχολική τάξη
መቀለ
διαιρώ
186/2
ሰሌዳ
πίνακας
ቀጽሪ ቤት-ትምህርቲ
σχολική αυλή
መምህር
δάσκαλος
ወረቐት
χαρτί
ጸሓፈ
γράφω
መጽሓፊ
στυλό
ጣውላ ምጽሓፍ
γραφείο
መስመር
χάρακας
መጽሓፍ
βιβλίο
ተመሃራይ
μαθητής

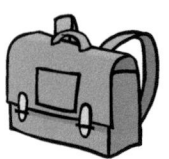

ሳንጣ ትምህርቲ

σχολική τσάντα

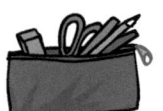

ሰፈር ብርዒ

κασετίνα/ μολυβοθήκη

ርሳስ

μολύβι

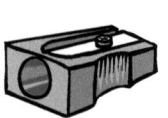

መብልሒ ርሳስ

ξύστρα

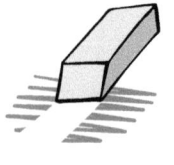

መደምሰሲ

γόμα

ጥራዝ ስእሊ

μπλοκ ζωγραφικής

ስእሊ

ζωγραφική

ብርዒ ቀለም

πινέλο

ቦክስ ቀለም

κουτί χρωμάτων

መቐስ

ψαλίδι

መጣበቒ

κόλλα

ጥራዝ መላመዲ

τετράδιο ασκήσεων

ዕዮ ገዛ

εργασία για το σπίτι

ቁጽሪ

αριθμός

2+2

ወሲኽ

προσθέτω

5-2

ጎደለ

αφαιρώ

2×2

ረብሐ

πολλαπλασιάζω

ደመረ

υπολογίζω

A

ፊደል

γράμμα

ABCDEFG
HIJKLMN
OPQRSTU
VWXYZ

ስርዓት ፊደላት

αλφάβητο

ቃል

λέξη

ጽሑፍ

κείμενο

ኣንበበ

διαβάζω

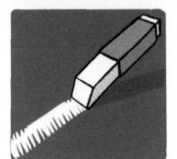

ኩርሽ

κιμωλία

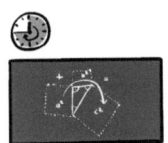

ሰዓት

μάθημα

መዝገብ ክላስ

εγγράφομαι

መርመራ

τεστ

ሰርቲፊከት

πιστοποιητικό

ድቢዛ ቤት-ትምህርቲ

μαθητική στολή

ትምህርቲ

εκπαίδευση

ለክሲኮን

εγκυκλοπαίδεια

ዩኒቨርሲቲ

πανεπιστήμιο

ሚክሮስኮፕ

μικροσκόπιο

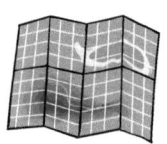

ካርታ

χάρτης

ጎሓፍ ወረቐት

καλάθι αχρήστων

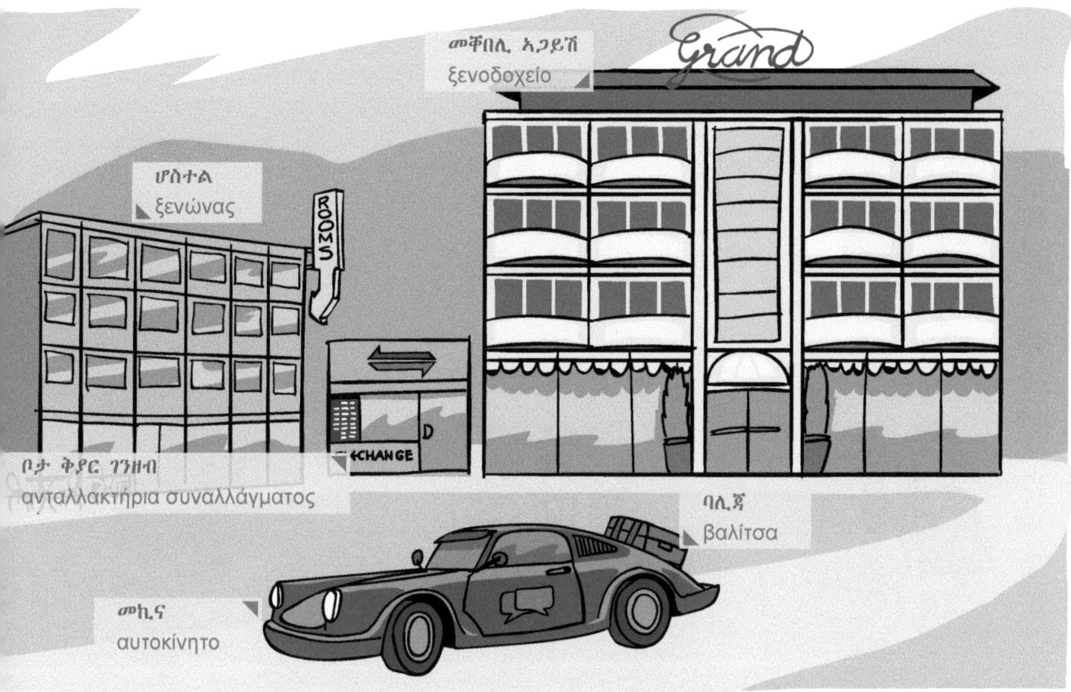

መቐበሊ ኣጋይሽ
ξενοδοχείο
Grand
ሆስተል
ξενώνας
ROOMS
CHANGE
ቦታ ቅያር ገንዘብ
ανταλλακτήρια συναλλάγματος
ባሊጃ
βαλίτσα
መኪና
αυτοκίνητο

ቋንቋ

γλώσσα

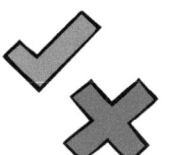

እወ / ኖ

ναι / όχι

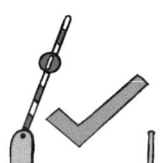

ሕራይ

εντάξει

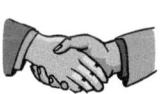

ሰላም

γεια σου

ኣስተርጓሚ

μεταφραστής

የቐንየለይ

Ευχαριστώ

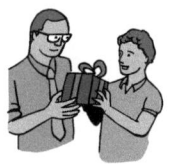

. . . ክንደይ ዋግኡ?

πόσο κάνει ;

አይተረድኣኹን

Δε καταλαβαίνω

ሽግር

πρόβλημα

ሰላም ምሽት!

Καλησπέρα!

ከመይ ሓዲርካ

Καλημέρα!

ሰላም ለይቲ

Καληνύχτα!

ደሓን ኩን

Αντίο

ኣንፈት

κατεύθυνση

ጉዓዝ

αποσκευές

ሳንጣ

τσάντα

ሳንጣ ሕቖ

σακίδιο πλάτης

ጋሻ

καλεσμένος

ክፍሊ

δωμάτιο

ክሻ መደቀሲ

υπνόσακος

ቴንዳ

σκηνή

6   *መገሻ* - ταξίδι

ሓበሬታ በጸሕቲ ሃገር

τουριστικές πληροφορίες

ገምገም ባሕሪ

παραλία

ክሬዲት ካርድ

πιστωτική κάρτα

ቁርሲ

πρωινό

ምሳሕ

μεσημεριανό

ድራር

δείπνο

ቲከት

εισιτήριο

ሊፍት

ανελκυστήρας

ማሕተም ደብዳበ

γραμματόσημο

ዶብ

σύνορα

ድንና

τελωνείο

ኣምባሲ

πρεσβεία

ቪዛ

βίζα

ፓስፖርት

διαβατήριο

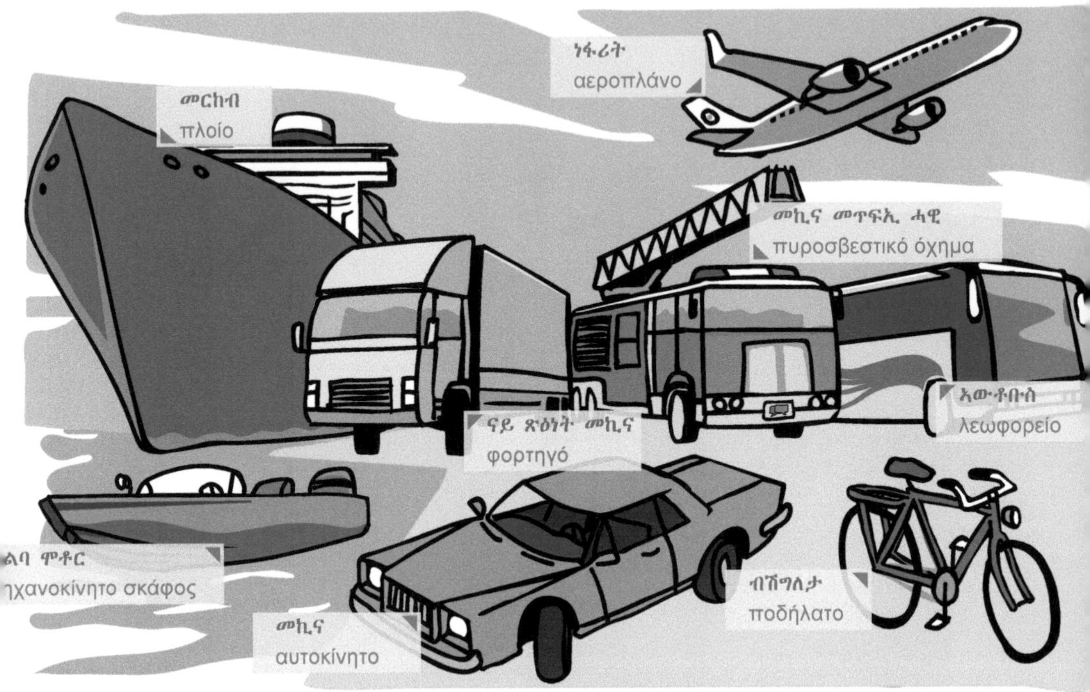

ነፋሪት
αεροπλάνο

መርከብ
πλοίο

መኪና መጥፍኢ ሓዊ
πυροσβεστικό όχημα

ናይ ጽዕነት መኪና
φορτηγό

አው·ቶቡስ
λεωφορείο

ልባ ሞቶር
ηχανοκίνητο σκάφος

ብሽግለታ
ποδήλατο

መኪና
αυτοκίνητο

ፌሪ
φεριμπότ

ጃልባ
βάρκα

ሞቶ
μοτοσικλέτα

መኪና ፖሊስ
περιπολικό

መኪና ቅድድም
αγωνιστικό αυτοκίνητο

ክራይ መኪና
ενοικιαζόμενο αυτοκίνητο

ምውፋይ መካይን
διαμοιρασμός αυτοκινήτων

መወሰዲ መኪና
γερανός

መኪና ጎሓፍ
απορριμματοφόρο

ሞቶር
κινητήρας

ነዳዲ
καύσιμο

እንዳ ነዳዲ
βενζινάδικο

ምልክት ትራፊክ
πινακίδα σήμανσης

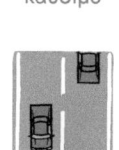

ትራፊክ
κυκλοφορία

ምጭቅጫቅ ትራፊክ
κυκλοφοριακή συμφόρηση

መዓሸጊ መኪና
χώρος στάθμευσης

መዕረፊ ባቡር
σιδηροδρομικός σταθμός

ሓዲግ
σιδηροδρομικές γραμμές

ባቡር
τρένο

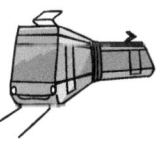

ትረም
τραμ

ባጎኒ
βαγόνι

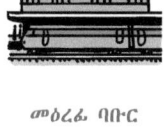

ሄሊኮፕተር

ελικόπτερο

መዓረፊ ነፈርቲ

αεροδρόμιο

ታወር

πύργος

ተጓዓዢ

επιβάτης

ኮንተይነር

εμπορευματοκιβώτιο

ሳንዱቅ ካርቶን

χαρτοκιβώτιο

ኮርሳ ጽዕነት

καρότσι

ዘንቢል

καλάθι

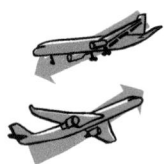

ተበገሰ / ዓለበ

απογειώνομαι /
προσγειόνομαι

ከተማ

πόλη

ቀኣሸት

χωριό

ማእከል ከተማ

κέντρο της πόλης

ገዛ

σπίτι

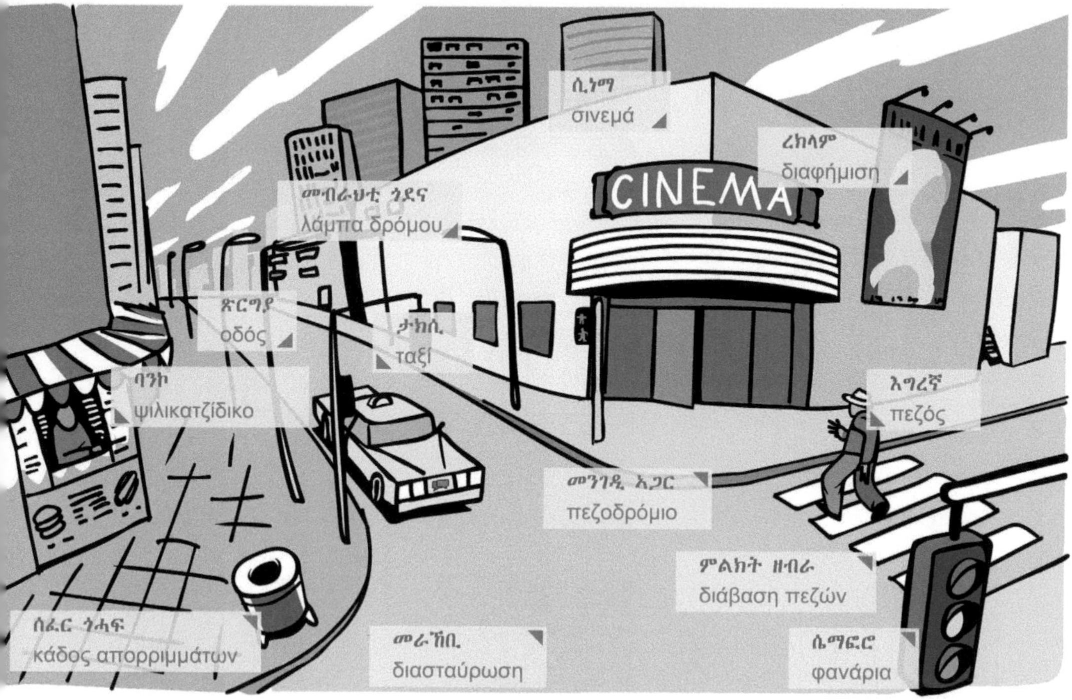

ሲነማ
σινεμά
CINEMA
ረክላም
διαφήμιση
መብራህቲ ጎደና
λάμπα δρόμου
ጽርግያ
οδός
ታክሲ
ταξί
ባንኮ
ψιλικατζίδικο
እግረኛ
πεζός
መንገዲ እጋር
πεζοδρόμιο
ምልክት ዘብራ
διάβαση πεζών
ሰፈር ጎሓፍ
κάδος απορριμμάτων
መራኽቢ
διασταύρωση
ሴማፎሮ
φανάρια

አጉዶ

καλύβα

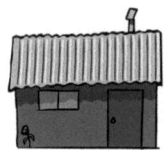

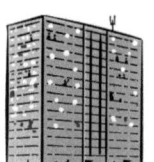

አፓርትመንት

διαμέρισμα

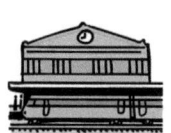

መዕረፊ ባቡር

σιδηροδρομικός σταθμός

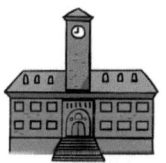

ቤት ምምሕዳር

δημαρχείο

MUSEUM

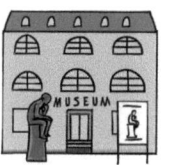

ቤተ መዘክር

μουσείο

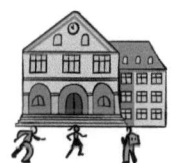

ቤት-ትምህርቲ

σχολείο

ዩኒቨርሲቲ

πανεπιστήμιο

ባንክ

τράπεζα

ሆስፒታል

νοσοκομείο

መቐበሊ ኣጋይሽ

ξενοδοχείο

ቤት መድሃኒት

φαρμακείο

ቤት ጽሕፈት

γραφείο

ዱኳን መጽሓፍቲ

βιβλιοπωλείο

ዱኳን

κατάστημα

ዱኳን ዕንባባ

ανθοπωλείο

ሱፐርማርከት

σούπερ μάρκετ

ዕዳጋ

αγορά

ሾቕ

πολυκατάστημα

ነጋዳይ ዓሳ

ιχθυοπωλείο

ሾቕ

εμπορικό κέντρο

መርሳ

λιμάνι

መዝናግዒ
....
πάρκο

ባንኪ
....
παγκάκι

ድልድል
....
γέφυρα

መደያይቦ
....
σκάλες

ባቡር ትሕቲ ምድሪ
....
μετρό

ቢንቾ
....
τούνελ

መዕረፊ ኣውቶቡስ
....
στάση λεωφορείου

ቤት መስተ
....
μπαρ

ቤት-መግቢ
....
εστιατόριο

ሰታሪት
....
γραμματοκιβώτιο

ታቤላ
....
πινακίδα δρόμου

ሰዓት ፓርኪንግ
....
παρκόμετρο

መካነ እንስሳታት
....
ζωολογικός κήπος

መሓምበሲ
....
πισίνα

መስጊድ
....
τζαμί

ቤት ሕርሻ
αγρόκτημα

ብከላ
ρύπανση

መቓብር
νεκροταφείο

ቤተክርስትያን
εκκλησία

ቦታ ምጽዋት
παιδική χαρά

ቤት መቕደስ
ναός

ስእሊ መሬት

τοπίο

አቛጽልቲ
φύλλο

መሕበሪ መገዲ
πινακίδα κατεύθυνσης

መገዲ
δρόμος

ሻኻ
λιβάδι

እምኒ
πέτρα

ኮብላሊ
πεζοπόρος

ኣግራብ
δέντρο

ፈለግ
ποτάμι

ሰዓሪ
χορτάρι

ዕንባባ
λουλούδι

ስንጭሮ
....
κοιλάδα

ጎቦ
....
λόφος

ቀላይ
....
λίμνη

ዱር
....
δάσος

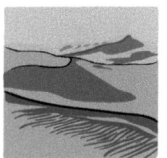

ምድረ በዳ
....
έρημος

እሳተ-ጎመራ
....
ηφαίστειο

ግምቢ.
....
κάστρο

ቀስተ-ደመና
....
ουράνιο τόξο

ቃንጥሻ
....
μανιτάρι

ዖርኮብኮባይ
....
φοίνικας

ጣንጡ
....
κουνούπι

ሃመማ
....
μύγα

ጻጻ
....
μυρμήγκι

ንህቢ.
....
μέλισσα

ሳሬት
....
αράχνη

ሕንዚዝ

σκαθάρι

ዕንቅርዖብ

βάτραχος

ምጽጹላይ

σκίουρος

ቅንፍዝ

σκαντζόχοιρος

ማንቲለ

λαγός

ጉንጅ

κουκουβάγια

ጭሩ

πουλί

ስዋን

κύκνος

መፍለስ

αγριογούρουνο

ዓጋዘን

ελάφι

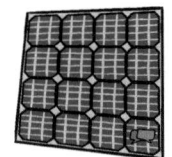

ሙስ

άλκη

ግድብ

φράγμα

ተርባይን ንፋስ

ανεμογεννήτρια

ሶላር ስርሓት

ηλιακός συλλέκτης

ኩንታት አየር

κλίμα

ቤት-መግቢ

εστιατόριο

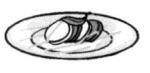

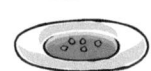

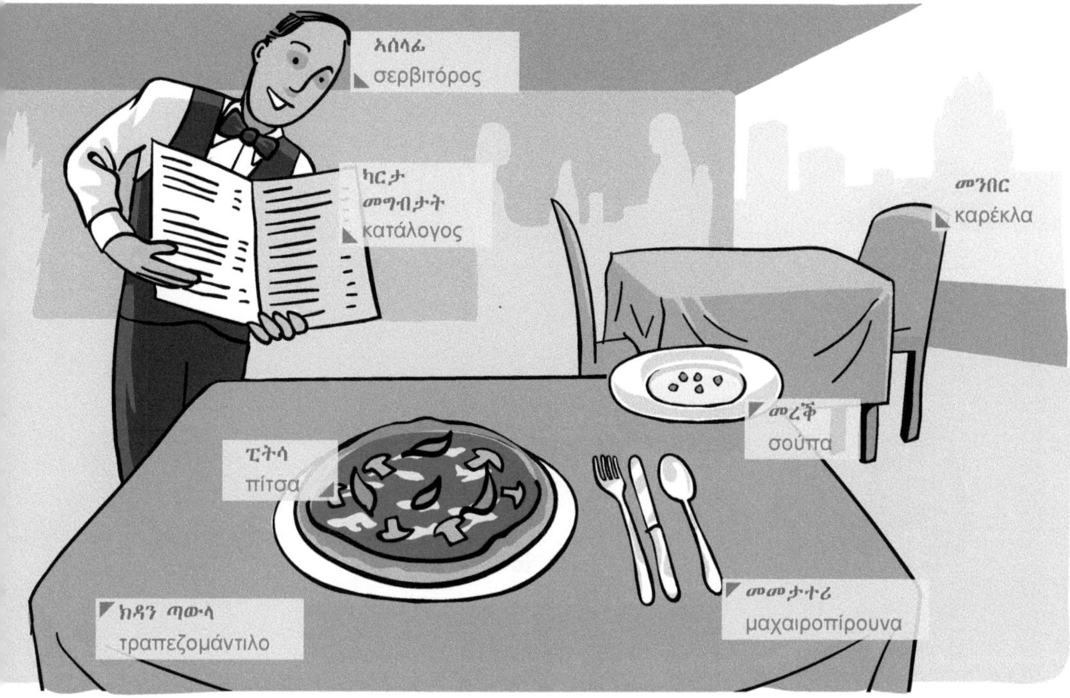

ኣሰላፊ
σερβιτόρος
ካርታ
መግብታት
κατάλογος
መንበር
καρέκλα
መረቕ
σούπα
ፒትሳ
πίτσα
ክዳን ጣውላ
τραπεζομάντιλο
መመታተሪ
μαχαιροπίρουνα

ቅድመ ቀንዲ መግቢ

ορεκτικό

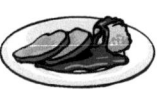

ቀንዲ መኣዲ

κύριο πιάτο

ድሕረ መግቢ

επιδόρπιο

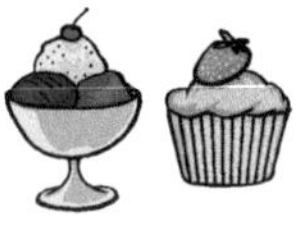

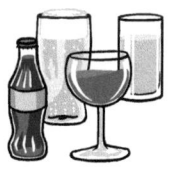

መስተ

ποτά

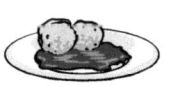

መግቢ

φαγητό

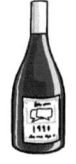

ጥርሙዝ

μπουκάλι

ስሉጥ መግቢ.

φαστ φουντ

መግቢ ጽርግያ

φαγητό στ' όρθιο

ብርጭቆ ሻሂ

τσαγιέρα

ታኒካ ሽኮር

δοχείο ζάχαρης

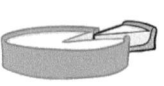

ክፋል

μερίδα

ማሺን ኤስፕረሶ

μηχανή εσπρέσο

ነዊሕ መንበር

ψηλή καρέκλα

ጸብጻብ

λογαριασμός

ታብለት

δίσκος

ካራ

μαχαίρι

ፋርኬታ

πιρούνι

ማንካ

κουτάλι

ማንካ ሻሂ

κουταλάκι του τσαγιού

ሰርቪየተ

πετσέτα φαγητού

ብኬሪ

ποτήρι

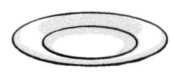

ሸሓኒ

πιάτο

ሸሓኒ መረቕ

πιάτο σούπας

ትሕቲ ኩባያ

πιατάκι φλιτζανιού

ጸብሒ

σάλτσα

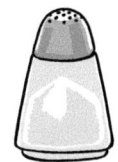

ወሃቢ ጨው

αλατιέρα

መጥሓን በርበረ

μύλος για πιπέρι

ኣቾቶ

ξύδι

ዘይቲ

λάδι

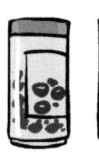

ቀመም

μπαχαρικά

ከቻፕ

κέτσαπ

ኣድሪ

μουστάρδα

ማዮኔዝ

μαγιονέζα

ሱፐርማርከት

σούπερ μάρκετ

ወፈያ
προσφορά
ዓሚል
πελάτης
ፍርያታት ጸባ
γαλακτοκομικά προϊόντα
ፍረታት
φρούτα
ሰረገላ ዱኳን
καρότσι για ψώνια
FOR

BUTCHERS

እንዳ ስጋ

κρεοπωλείο

BAKERY

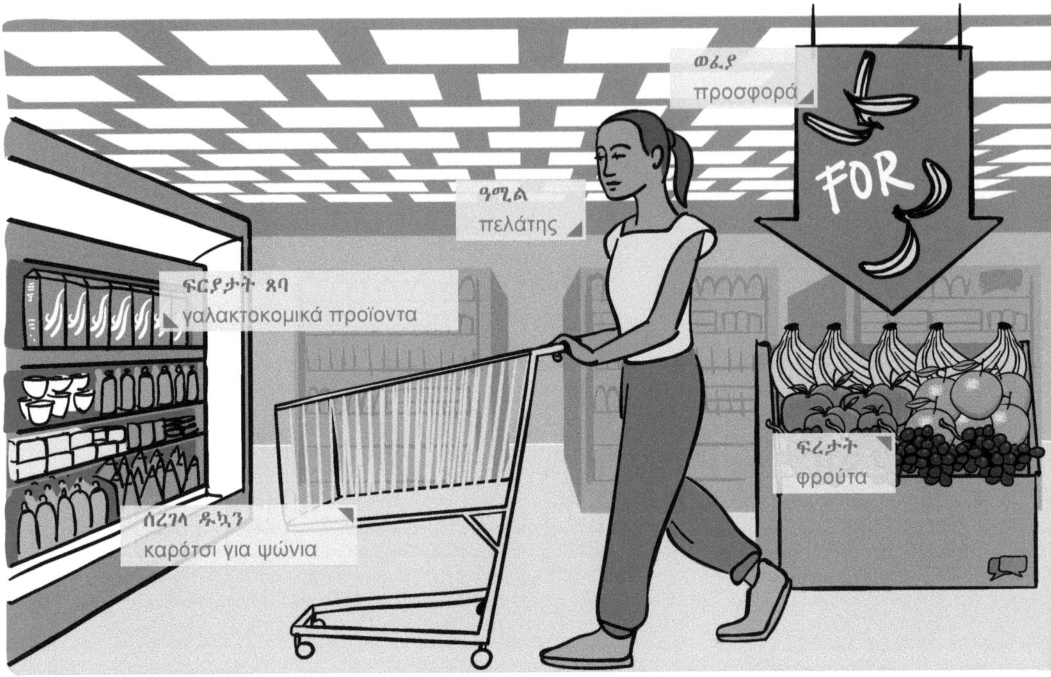

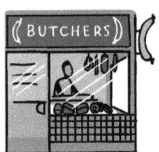

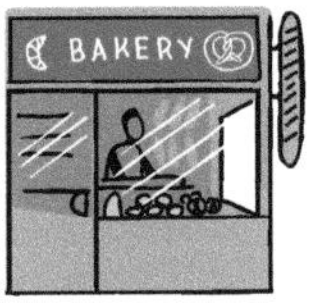

እንዳ ባኒ

φούρνος

ክብደት

ζυγίζω

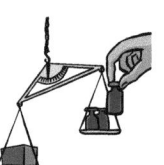

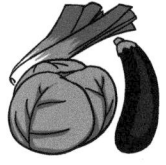

ኣሕምልቲ

λαχανικά

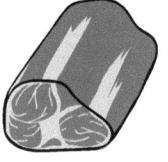

ስጋ

κρέας

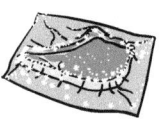

መግቢ ፍሪጅ በረድ

κατεψυγμένα τρόφιμα

ዝሑል ቅሩብ መግቢ.
αλλαντικά

እስታጥሳ
κονσερβοποιημένη τροφή

ኣሞ
απορρυπαντικό ρούχων

ምቁር መግቢ.
γλυκά

ዘቤታውያን ኣቕሑ
οικιακά είδη

ናውቲ መጽረዪ.
καθαριστικά προϊόντα

ሸቃጣይ
πωλήτρια

ካሳ
ταμείο

ተሓዝ ገንዘብ
ταμίας

ዝርዝር ምግዛእ
λίστα για ψώνια

ክፉት ሰዓታት
ωράριο λειτουργίας

ማሕፉዳ
πορτοφόλι

ክረዲት ካርድ
πιστωτική κάρτα

ሳንጣ
τσάντα

ፌስታል
πλαστική σακούλα

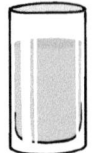

ማይ

νερό

ጁማቆ

χυμός

ጸባ

γάλα

ኮላ

κόκα κόλα

ነቢት

κρασί

ቢራ

μπίρα

አልኮል

αλκοόλ

ካካው

κακάο

ሻሂ

τσάι

ቡን

καφές

ኤስፕረሶ

εσπρέσο

ካፑቺኖ

καπουτσίνο

ባናና

μπανάνα

ቱፋሕ

μήλο

አራንጂ

πορτοκάλι

ብርጭቆ

πεπόνι

ለሚን

λεμόνι

ካሮት

καρότο

ጾዕዳ ሽጉርቲ

σκόρδο

ባምቡስ

μπαμπού

ሽጉርቲ

κρεμμύδι

ቅንጥሻ

μανιτάρι

ፉል

ξηροί καρποί

ፓስታ

νουντλς

ስፓጌቲ

μακαρόνια

ሩዝ

ρύζι

ሰላጣ

σαλάτα

ቅልዋ ድንሽ

πατατάκια

ቅሉው ድንሽ

τηγανητές πατάτες

ፒትሳ

πίτσα

ሃምቡርገር

χάμπουργκερ

ፓኒኖ

σάντουιτς

ቢስተክ

κοτολέτα

ሰለፍ ሓሰማ

ζαμπόν

ሳላሚ

σαλάμι

ግዕዝም

λουκάνικο

ደርሆ

κοτόπουλο

ቀለወ

ψητό

ዓሳ

ψάρι

ገፃት
....
χυλός βρώμης

ሙስሊ
....
μούσλι

ኮርንፍለይክስ
....
κορν φλέικς

ሓርጭ
....
αλεύρι

ክሮሶን
....
κρουασάν

ባኒ
....
ψωμάκι

ባኒ
....
ψωμί

ቶስት
....
τοστ

ብሽኩቲ
....
μπισκότα

ጠስሚ
....
βούτυρο

ርጓኦ
....
τυρόπηγμα

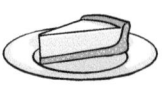

ፓስተ
....
κέικ

እንቋቍሖ
....
αυγό

ቅሉው እንቋቍሖ
....
τηγανητό αυγό

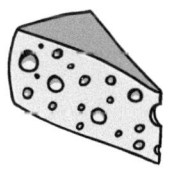

ፋርማጆ
....
τυρί

አይስ ክሪም

παγωτό

ሹኩር

ζάχαρη

መዓር

μέλι

ጃም

μαρμελάδα

ኑጋት-ክሪም

άλλειμμα σοκολάτας

ኩሪ

κάρυ

ቤት ሕርሻ
αγρόσπιτο

ሓስር ቦንዳ
δεμάτι άχυρου

መኽዘን
αχυρώνας

ግራት
χωράφι

ፈረስ
αλόγο

ተስሓቢ
ρυμουλκούμενο

ዒሉ
πουλάρι

ትራክተር
τρακτέρ

አድጊ
γάιδαρος

ዕየት
αρνί

በጊዕ
πρόβατο

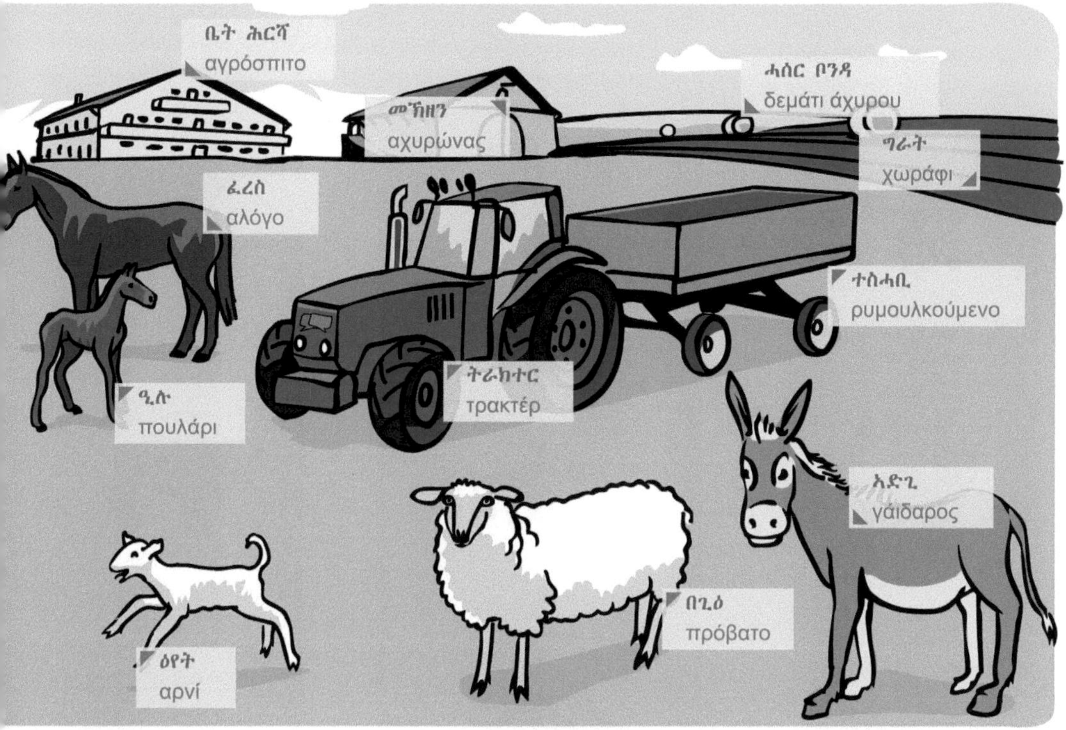

ጤል
....
κατσίκα

ብዕራይ
....
αγελάδα

ም ራኽ
....
μοσχαράκι

ሓስማ
....
γουρούνι

ውላድ ሓስማ
....
γουρουνάκι

ኣርሓ
....
ταύρος

ዓሳ
χήνα

ማይ ደርሆ
πάπια

ጫቁት
κοτόπουλάκι

ደርሆ
κότα

ኣርሒ ደርሆ
κόκορας

ኣንጨዋ ዓባይ
αρουραίος

ድሙ
γάτα

ኣንጭዋ
ποντίκι

ብዕራይ
βόδι

ከልቢ
σκύλος

ኣጕዶ ከልቢ
σπιτάκι σκύλου

ቱባ ጆርዲን
λάστιχο κήπου

መዝፈፈ ማይ
ποτιστήρι

ዓቢ ማዕጺድ
θεριστήρι

ማሕረሻ
αλέτρι

ማዕጸድ

δρεπάνι

ጭጓር

τσάπα

መስአ

δίκρανο

ፋስ

τσεκούρι

ዓረብያ ኢድ

χειράμαξα

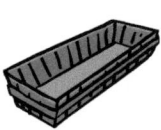

ጋብላ

ταΐστρα

ብርጭቆ ጸባ

δοχείο γάλακτος

ክሻ

σάκος

ሓጹር

φράχτης

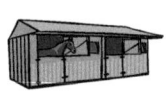

መጓሰስ

στάβλος

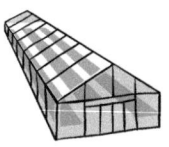

ቆጠልያ ገዛ

θερμοκήπιο

ባይታ

έδαφος

ዘርኢ

σπόρος

ድዅኢ

λίπασμα

ዘጣምር ቀውዓይ

θεριζοαλωνιστική μηχανή

ቀውዐ

θερίζω

ጸማ

συγκομιδή

ድንሽ ያም

γιαμς

ስርናይ

σιτάρι

ሶያ

σόγια

ድንሽ

πατάτα

ዐፉን

καλαμπόκι

ራፕስ

κράμβη

ገረብ ፍረታት

οπωροφόρο δέντρο

ማኒኦክ

μανιόκα

ኣእኻል

δημητριακά

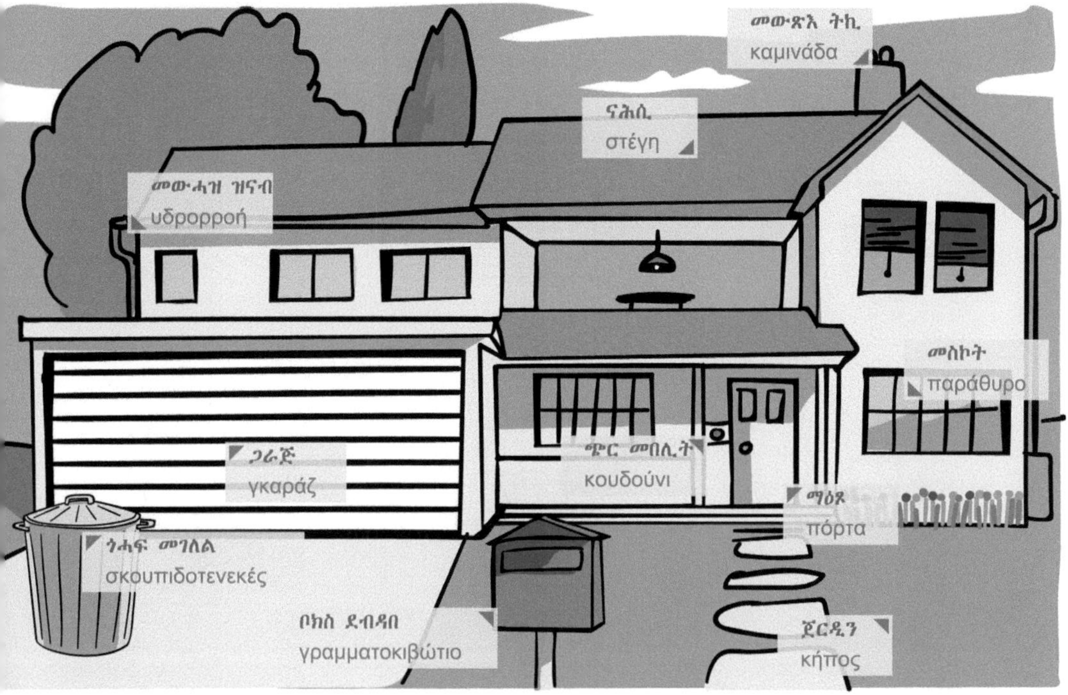

መውጽእ ትኪ
καμινάδα

ናሕሲ
στέγη

መውሓዝ ዝናብ
υδρορροή

መስኮት
παράθυρο

ጋራጅ
γκαράζ

ጥር መቤሊት
κουδούνι

ማዕጾ
πόρτα

ጐሓፍ መግለል
σκουπιδοτενεκές

ቦክስ ደብዳበ
γραμματοκιβώτιο

ጀርዲን
κήπος

ክፍሊ ምቅማጥ

σαλόνι

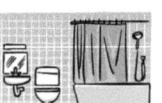

ክፍሊ ባንዮ

μπάνιο

ክሽነ

κουζίνα

ክፍሊ መደቀሲ

υπνοδωμάτιο

ክፍሊ ቆልዑ

παιδικό δωμάτιο

መመገቢ ክፍሊ

τραπεζαρία

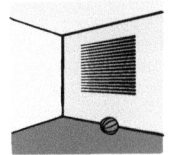

ባይታ
πάτωμα

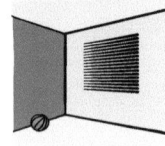

መንደቅ
τοίχος

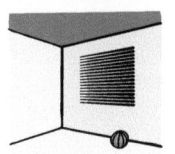

ከበርታ
οροφή

ካንቲና
κελάρι

ሳውና
σάουνα

ባልኮን
μπαλκόνι

ዛላ
βεράντα

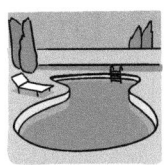

መሕምበሲ.
πισίνα

መቑረጺ ሳዕሪ
μηχανή του γκαζόν

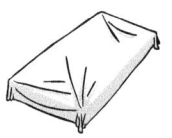

አንሶላ ዓራት
σεντόνι

ከበርታ ዓራት
κάλυμμα κρεβατιού

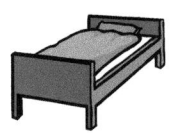

ዓራት
κρεβάτι

መኹስተር
σκούπα

መገለል
κουβάς

መወልዒት
διακόπτης

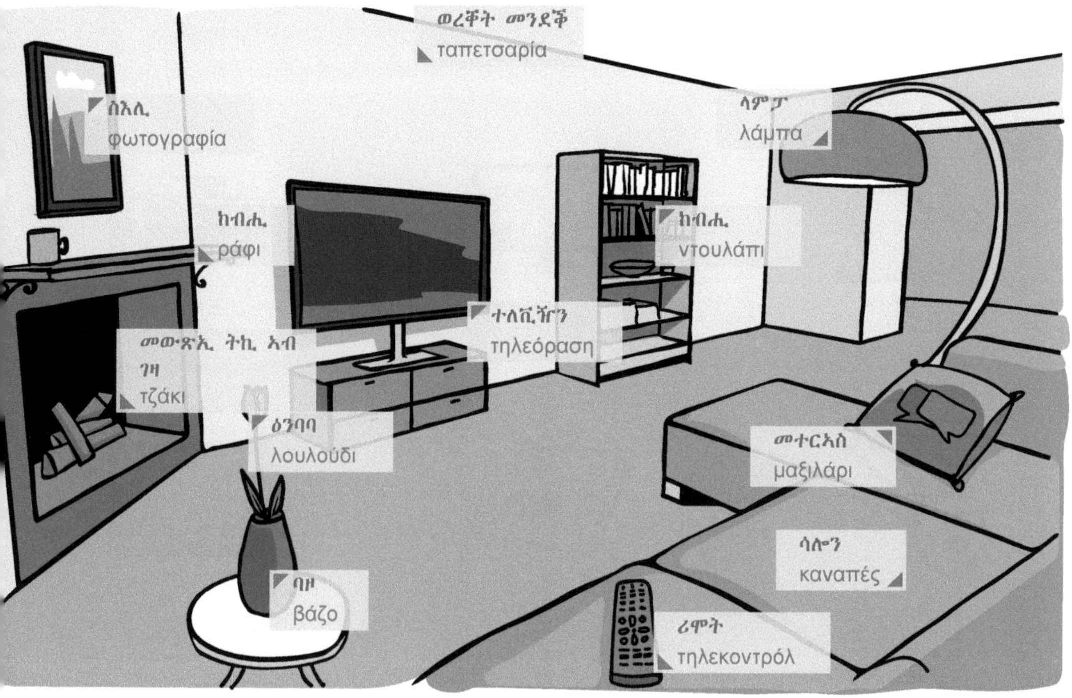

ወረቐት መንደቕ
ταπετσαρία

ስእሊ
φωτογραφία

ላምጣ
λάμπα

ከብሒ
ράφι

ከብሒ
ντουλάπι

መውጽኢ ትኪ ኣብ ገዛ
τζάκι

ተለቪዥን
τηλεόραση

ዕንባባ
λουλούδι

መተርኣስ
μαξιλάρι

ባዙ
βάζο

ሳሎን
καναπές

ሪሞት
τηλεκοντρόλ

መንጸፍ
χαλί

መጋረጃ
κουρτίνα

ጣውላ
τραπέζι

መንበር
καρέκλα

ሰለል ዝብል መንበር
κουνιστή πολυθρόνα

መንበር ምቹእ
πολυθρόνα

መጽሐፍ
βιβλίο

ከበርታ
κουβέρτα

ስልጣት
διακόσμηση

እንጨይቲ ሓዊ
καυσόξυλα

ፊልም
ταινία

ስተረዮ
στερεοφωνικό σύστημα

መፍትሕ
κλειδί

ጋዜጣ
εφημερίδα

ቕብኣ
πίνακας ζωγραφικής

ፖስተር
αφίσα

ሬድዮ
ραδιόφωνο

ጥራዝ
σημειωματάριο

መልገሲ ደርና
ηλεκτρική σκούπα

በለስ
κάκτος

ሽምዓ
κερί

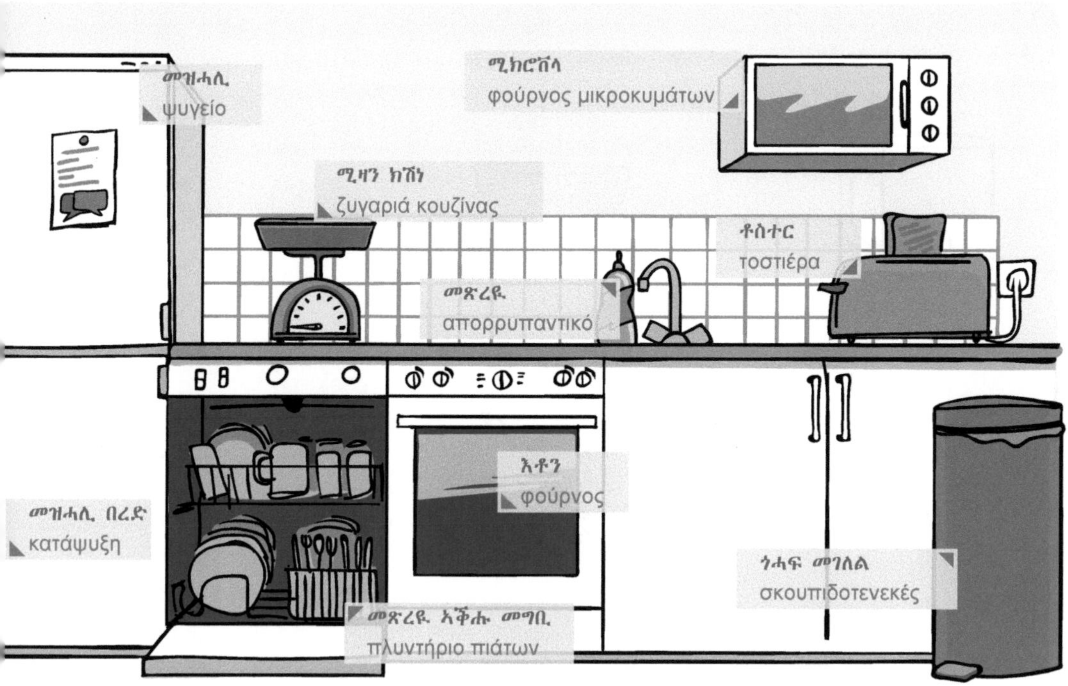

ሜዝሓሊ
ψυγείο

ሚክሮቨላ
φούρνος μικροκυμάτων

ሚዛን ክሽን
ζυγαριά κουζίνας

ቶስተር
τοστιέρα

መጽረዪ
απορρυπαντικό

እቶን
φούρνος

መዝሓሊ በረድ
κατάψυξη

ጎሓፍ መግለል
σκουπιδοτενεκές

መጽረቢ ኣቕሑ መግቢ.
πλυντήριο πιάτων

መኽሸኒ
κουζίνα

ድስቲ
κατσαρόλα

ድስቲ ሓጺን
μαντεμένια κατσαρόλα

ቾክ/ካዳይ
γουόκ/καντάι

ባደላ
τηγάνι

መውዓዪ ማይ
βραστήρας

መፍልሒ

ατμομάγειρας

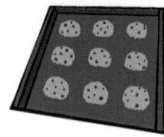

ጎንቴራ ምስንካት

ταψί

ኣቕሑ መግቢ

πιατικά

ብርጭቆ

κούπα

ጭሓሎ

μπολ

ማንካቺና

ξυλάκια

ማንካ መረቕ

κουτάλα

መገልበጢ ባደላ

σπάτουλα

መኸስተር ውርጪ

ανακατεύω

መንፊት መግቢ

σουρωτήρι

መንፊት

σουρωτηράκι

መፋሕፍሒ

τρίφτης

ሞርታር

γουδί

ባርቢክዩ

ψησταριά

ስፍራ ሓዊ

ανοιχτή φωτιά

እንጨይቲ ምምታር
σανίδα κοπής

እንጨይቲ ኩረር
πλάστης

መኽፈት ቡሽ
ανοιχτήρι φελλών

ታኒካ
κονσέρβα

መኽፈቲ ታኒካ
ανοιχτήρι κονσέρβας

ጨርቂ ድስቲ
γάντι φούρνου

ቡምባ
νεροχύτης

ኣስባስላ
βούρτσα

ሰፍነግ
σφουγγάρι

ሓዋሲ ኣደባላቒ
μπλέντερ

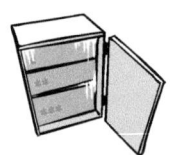

መዝሓሊ በረድ
καταψύκτης

ጥርሙዝ ማማይ
μπιμπερό

ቡምባ ማይ
βρύση

ክፍሊ ባንዮ

μπάνιο

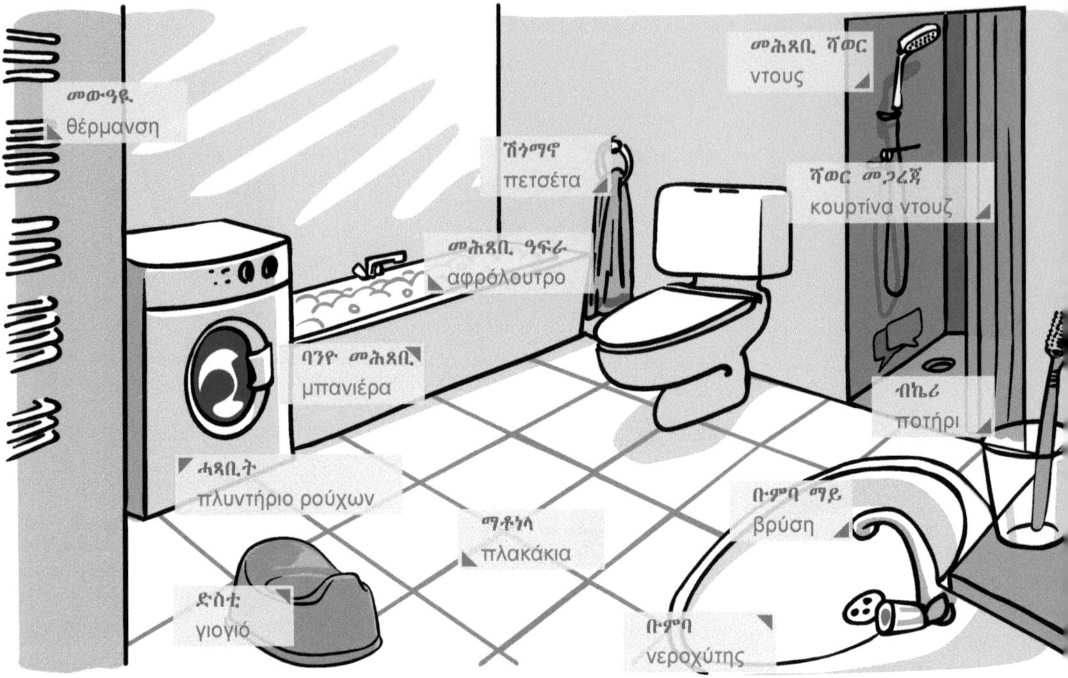

መውዓዪ
θέρμανση
መሕጸቢ ሻወር
ντους
ሽጎማኖ
πετσέτα
ሻወር መጋረጃ
κουρτίνα ντουζ
መሕጸቢ ዓፍራ
αφρόλουτρο
ባንዮ መሕጸቢ
μπανιέρα
ብኬሪ
ποτήρι
ሓጻቢት
πλυντήριο ρούχων
ቡምባ ማይ
βρύση
ማቶነላ
πλακάκια
ድስቲ
γιογιό
ቡምባ
νεροχύτης

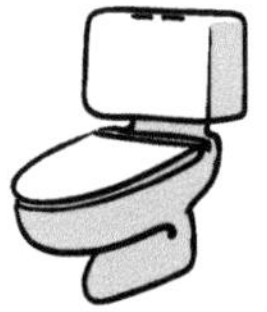

ሽቓቕ
τουαλέτα

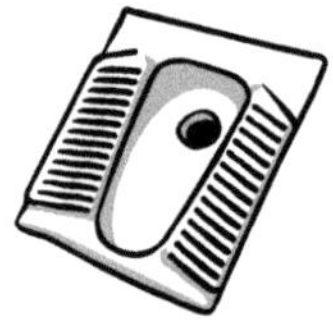

ሽቓቕ ኮፍ
τούρκικη τουαλέτα

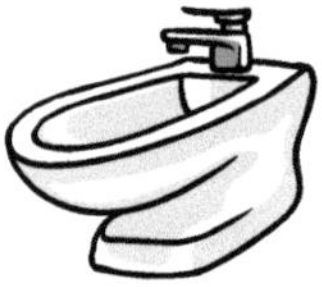

በዱ
μπιντές

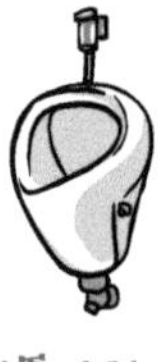

ሽቓቕ ተባዕታይ
ουρητήριο

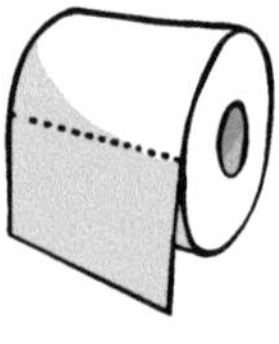

ወረቐት ሽቓቕ
χαρτί υγείας

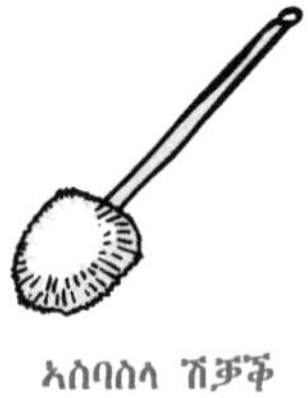

ኣስባስላ ሽቓቕ
πιγκάλ

ኣስባስላ ስኒ
οδοντόβουρτσα

ክሬማ ስኒ
οδοντόκρεμα

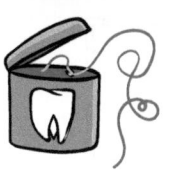

ሃሪ ስኒ
οδοντικό νήμα

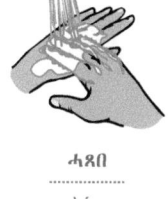

ሓጸበ
πλένω

ዱሽ ኢድ
τηλέφωνο ντους

ዱሽ
ντουσιέρα

ብርጭቆ ምሕጻብ
λεκάνη

ኣስባስላ ሕቆ
βούρτσα πλάτης

ሳምና
σαπούνι

ሻወር ጅል
αφρόλουτρο

ሻምፖ
σαμπουάν

ጨርቂ መሕጸቢ
φανέλα

መውሓዚ
σιφόνι

ክሬማ
κρέμα

ደዮ ጨና
αποσμητικό

መስትያት

καθρέφτης

ናይ ኢድ መስትያት

καθρέφτης χειρός

መላጺ

ξυραφάκι

ዓፍራ ምልጻይ

αφρός ξυρίσματος

ጨና ድሕሪ ምልጻይ

αφτερσέιβ

መመሸጥ

χτένα

አስባስላ

βούρτσα

መንቐጺ ጸግሪ

σεσουάρ

ስፕረይ ጸግሪ

λακ

መመላኸዪ

μακιγιάζ

ብርዒ ቀለም ከንፈር

κραγιόν

አዝማላቶ

βερνίκι νυχιών

ጸምሪ ጡጥ

βαμβάκι

መስደዲ ጽፍሪ

ψαλίδι νυχιών

ጨና

άρωμα

ሳንጣ መሕጸቢ
νεσεσέρ

ድኳ
σκαμπό

ሚዛን
ζυγαριά

ክዳን መሕጸቢ
μπουρνούζι

ጓንቲ መጸረዩ
ελαστικά γάντια

ታምፖን
ταμπόν

ጨርቂ ሰበይቲ
πετσέτα υγιεινής

ሽቓቕ ከሚስትሪ
χημική τουαλέτα

ክፍሊ ቆልዑ

παιδικό δωμάτιο

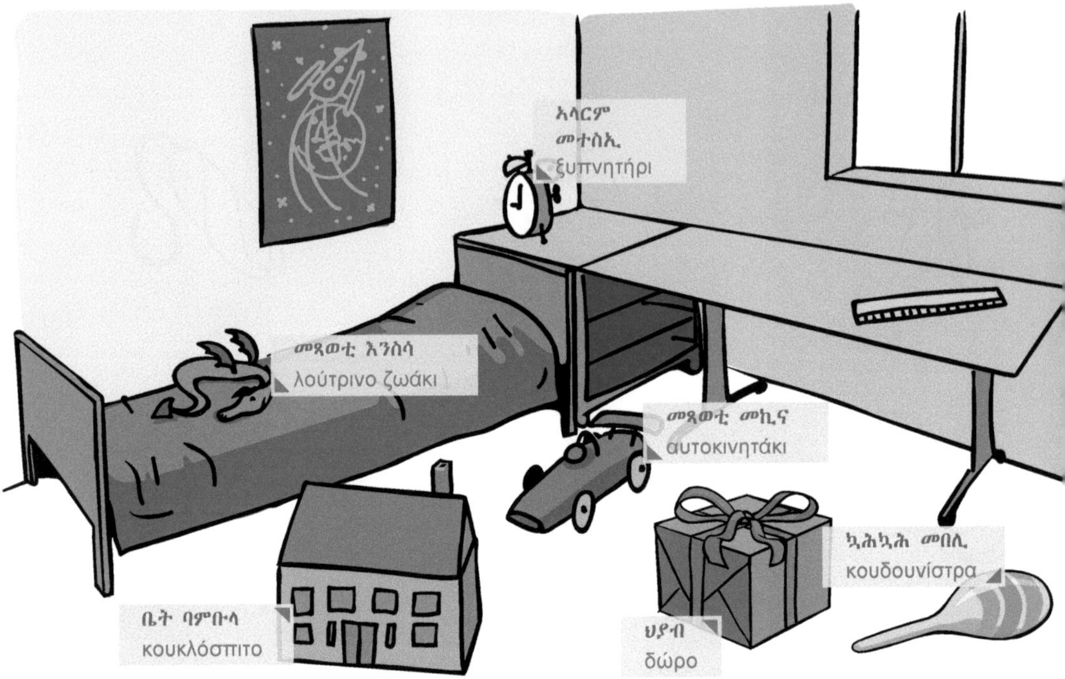
ኣላርም መተስኢ
ξυπνητήρι
መጻወቲ እንስሳ
λούτρινο ζωάκι
መጻወቲ መኪና
αυτοκινητάκι
ኳሕኳሕ መበሊ
κουδουνίστρα
ቤት ባምቡላ
κουκλόσπιτο
ህያብ
δώρο

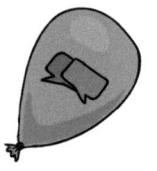

ባላንችና

μπαλόνι

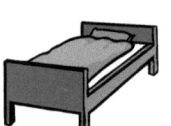

ዓራት

κρεβάτι

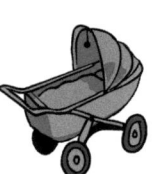

ሰረገላ ህጻን

καροτσάκι

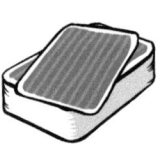

ጸወታ ካርታ

τράπουλα

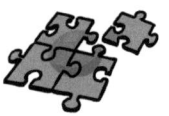

ሕንቅሊተይ

παζλ

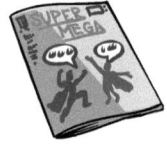

ኮሜዲ

κόμικς

እምነት መጸወቲ ለጎ

τουβλάκια lego

መጸወቲ እምነታት

τουβλάκια κατασκευών

በኃል አክቸን

φιγούρα δράσης

ክዳን ማማይ

βρεφικό φορμάκι

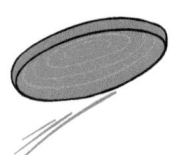

ፍሪስቢ

φρίσμπι

ሞባይል ማማይ

μόμπιλο

ጸወታ ሰሌዳ

επιτραπέζιο παιχνίδι

ኩቦ

ζάρια

ሞደል ባቡር ምድሪ

σετ τρενάκι

ዓባስ

πιπίλα

ፓርቲ

πάρτι

መጽሓፍ ስእሊ

εικονογραφημένο βιβλίο

ኩዕሶ

μπάλα

ባምቡላ

κούκλα

ተጸወተ

παίζω

መጻወቲ ሓጻ

σκάμμα με άμμο

ሰላል

κούνια

መጻወቲታት

παιχνίδια

ኮንሶል ቪድዮ

κονσόλα βιντεοπαιχνιδιών

መጻወቲ ሰለስተ መንኩርኩር

τρίκυκλο

ተዲ

αρκουδάκι

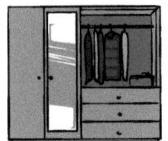

ከብሒ ክዳን

ντουλάπα

ክዳን

ρούχα

ካልስታት

κάλτσες

ነዊሕ ካልስታት

καλτσοδέτες

ስረ ካልሲ

καλσόν

ሻርብ
κασκόλ

ጽላል
ομπρέλα

ማልያ
μπλουζάκι

ቁልፊ
ζώνη

ሲነከርስ
αθλητικά παπούτσια

ረፊዕ
μπότες

ጫማ ገዘ
παντόφλες

ሻበጥ
....
σανδάλια

ጫማ
....
παπούτσια

ረፊዕ ጎማ
....
γαλότσες

ሙታንታ
....
εσώρουχο

ክዳን ጡብ
....
σουτιέν

ትሕተ ካሚቻ
....
φανέλα

ክዳን - ρούχα   45

በዲ

σώμα

ስረ

παντελόνι

ጂንስ

τζιν παντελόνι

ቀምሽ

φούστα

ካምቻ

μπλούζα

ካሚቻ

πουκάμισο

ጉልፎ

πουλόβερ

ጎልፎ

πουλόβερ

ጃኬት

σακάκι

ጃከት

μπουφάν

ጀባ

παλτό

ክዳን ዝናብ

αδιάβροχο πανωφόρι

ኮስቱም

κοστούμι

ቀምሽ

φόρεμα

ቀምሽ መርዓ

νυφικό

ልብሲ
....
κοστούμι

ካሚቻ ለይቲ
....
νυχτικό

ክዳን ለይቲ
....
πιτζάμες

ሳሪ
....
σάρι

መሃረብ ርእሲ
....
μαντήλι

ቱርባን
....
τουρμπάνι

ቡርካ
....
μπούρκα

ካፍታን
....
καφτάνι

አባያ
....
μουσουλμανικό ένδυμα

ክዳን መሕምበሲ
....
ολόσωμο μαγιό

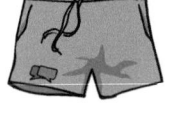

ስረ መሕምበሲ
....
ανδρικό μαγιό

ሓጺር ስረ
....
σορτς

ክዳን ታዕሊም
....
αθλητική φόρμα

በጃ ክዳን
....
ποδιά

ጓንቲ
....
γάντια

መልኅም

κουμπί

መነጽር

γυαλιά

በንናጅር

βραχιόλι

ማዕተብ

περιδέραιο

ቀለበት

δαχτυλίδι

ኩትሻ

σκουλαρίκι

ቆብዕ

καπέλο

መንበረ ጅባ

κρεμάστρα

ባርኔጣ

καπέλο

ካራሻት

γραβάτα

ሻርኔጣ

φερμουάρ

ሀልመት

κράνος

መድልደል ስረ

τιράντες

ድቢዛ ቤትትምህርቲ

μαθητική στολή

ድቢዛ

στολή

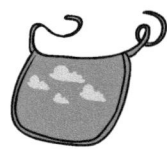

ሰደርያ ቆልዓ
....
σαλιάρα

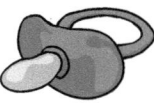

ዓባስ
....
πιπίλα

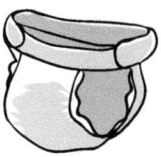

ጨርቂ ማማይ
....
πάνα

ቤት ጽሕፈት
γραφείο

ሰርቨር
σέρβερ
ክብሒ ሰነድ
αρχειοθήκη
ፕሪንተር
εκτυπωτής
ወረቐት
χαρτί
ሞኒቶር
οθόνη
ኣንጭዋ
ποντίκι
ጣውላ ምጽሓፍ
γραφείο
ሓቖፌ
ντοσιέ
ኪቦርድ
πληκτρολόγιο
ጎሓፍ ወረቐት
καλάθι αχρήστων
ኮምፒተር
υπολογιστής
መንበር
καρέκλα

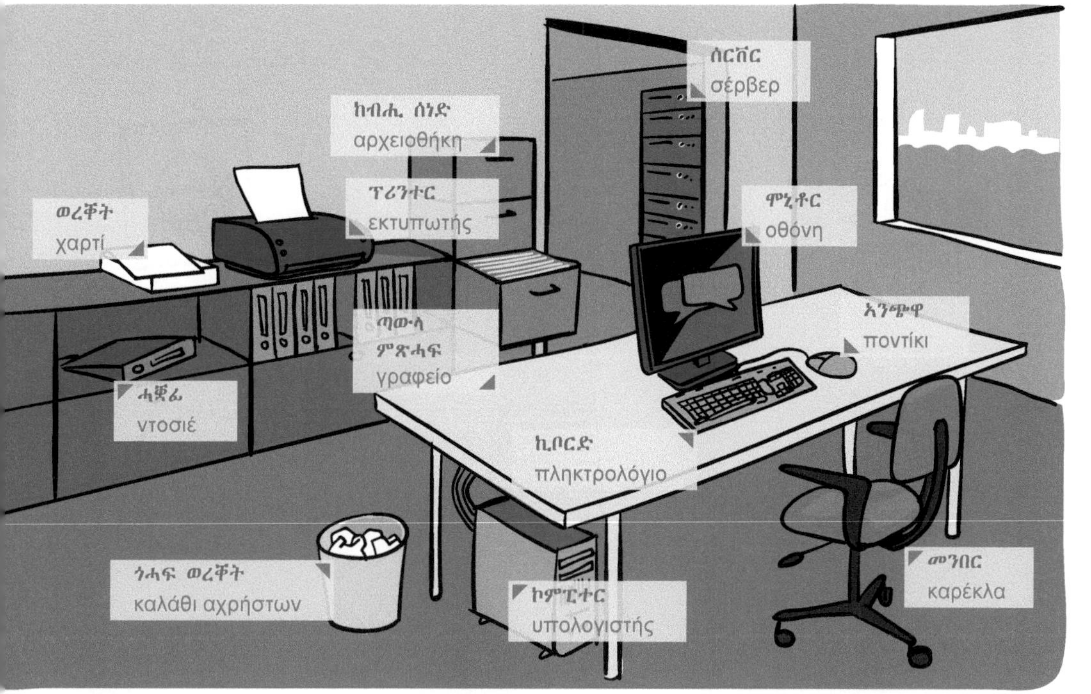

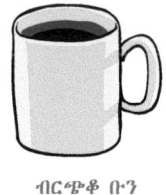

ብርጭቆ ቡን
....
κούπα του καφέ

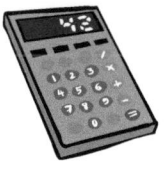

ካልኩለተር
....
κομπιουτεράκι

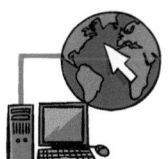

ኢንተርነት
....
ίντερνετ

ላፕቶፕ

λάπτοπ

ደብዳበ

γράμμα

መልእኽቲ

μήνυμα

ሞባይል

κινητό

ነትወርክ/መርበብ

δίκτυο

መቅድሒ ፎቶኮፒ

φωτοτυπικό μηχάνημα

ሶፍትዌር

λογισμικό

ተለፎን

τηλέφωνο

ሶኬት ኳረንቲ

πρίζα

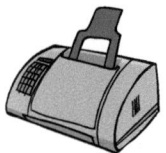

ፋክስ

συσκευή φαξ

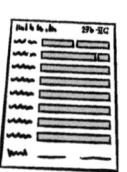

ፎርም

έντυπο

ሰነድ

έγγραφο

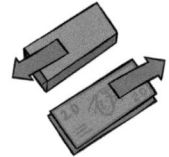

ገዝአ

αγοράζω

ከፈለ

πληρώνω

ንግዴ

συναλλάσσομαι

ገንዘብ

χρήματα

ዶላር

δολάριο

አይሮ

ευρώ

የን

γιεν

ሩብል

ρούβλι

ስዊዝ ፍራንከን

ελβετικό φράγκο

ረንሚንቢ ዮዋን

ρενμίνμπι γιουάν

ሩፕየ

ρουπία

መውጺኢ ማሺን ገንዘብ

ATM (αυτόματη ταμειακή μηχανή)

በታ ቅያር ገንዘብ

ανταλλακτήρια
συναλλάγματος

ወርቂ

χρυσός

ብሩር

ασήμι

ዘይቲ

πετρέλαιο

ሓይሊ

ενέργεια

ዋጋ

τιμή

ውዕል

συμβόλαιο

ቀረጽ

φόρος

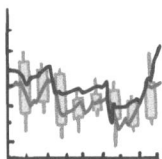

እኩብ ጥረ-ነገራት

μετοχή

ሰርሐ

δουλεύω

ሰራሕተኛ

υπάλληλος

ኣስራሒ

εργοδότης

ትካል

εργοστάσιο

ዱኳን

κατάστημα

ሞያታት
επαγγέλματα

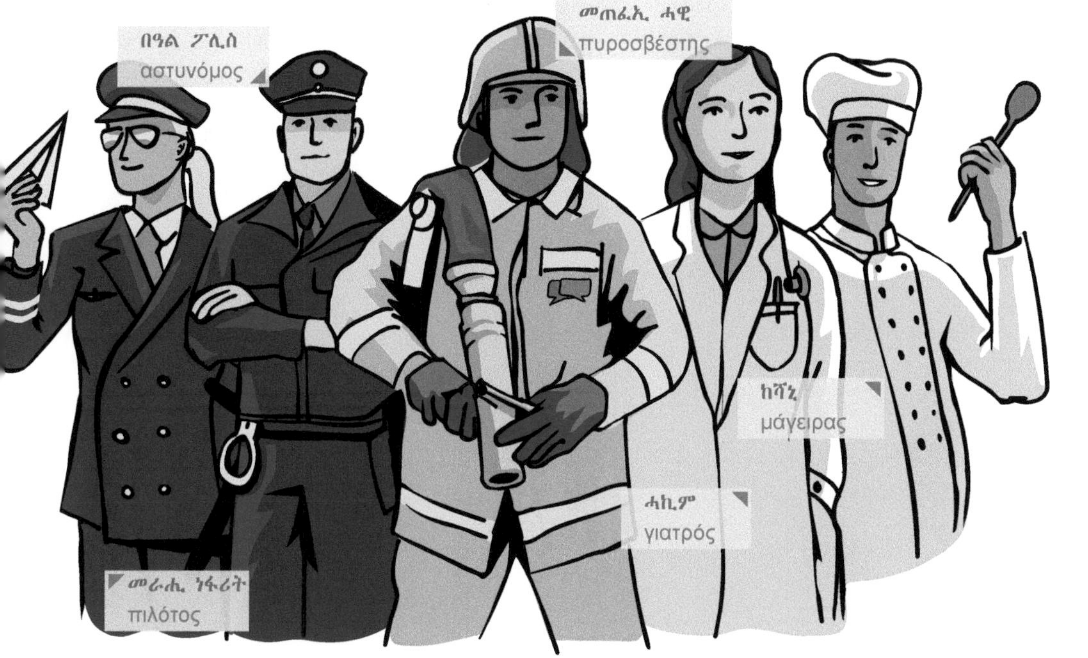
በዓል ፖሊስ
αστυνόμος
መጠፈኢ ሓዊ
πυροσβέστης
ከሻኒ
μάγειρας
ሓኪም
γιατρός
መራሒ ነፋሪት
πιλότος

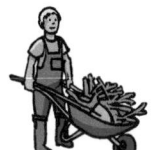

ሰራሕተኛ ጀርዲን

κηπουρός

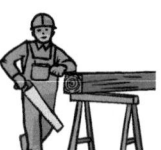

ጸራቢ ዕንጸይቲ

ξυλουργός

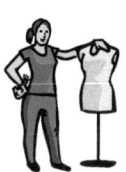

ሰፋይት

μοδίστρα

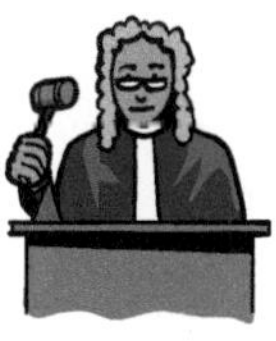

ፈራዳይ

δικαστής

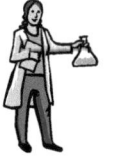

ቀማሚ

χημικός

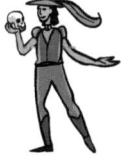

ተዋሳኢ

ηθοποιός

መራሒ ኣዉቶቡስ

οδηγός λεωφορείου

ኣዉቲስታ ታክሲ

ταξιτζής

ገፋሊ ዓሳ

ψαράς

ጸራጊት

καθαρίστρια

ሃናጼይ ናሕሲ

τεχνίτης στεγών

ኣሰላፊ

σερβιτόρος

ሃጻናይ

κυνηγός

ሰኣላይ

ζωγράφος

እንዳ ሕብስቲ

αρτοποιός

ኤለትሪከኛ

ηλεκτρολόγος

ሃናጼ ኣባይቲ

οικοδόμος

ሃንዳሲ

μηχανολόγος

ሰራሕተኛ እንዳ ስጋ

κρεοπώλης

ድራብሊኮ

υδραυλικός

ኣማላላሲ ፖስጣ

ταχυδρόμος

ወታሃደር
στρατιώτης

መሃንድስ
αρχιτέκτονας

ተሓዝ ገንዘብ
ταμίας

ሰራሕተኛ ዕምባባ
ανθοπώλης

ቀምቃማይ
κομμωτής

ፈተሪኖ
ελεγκτής εισιτηρίων

መካኒክ
μηχανικός

መራሒ መርከብ
καπετάνιος

ሓኪም ስኒ
οδοντίατρος

ተመራማሪ
επιστήμονας

ራቢ.
ραβίνος

ኢማም
ιμάμης

ፈላሲ.
μοναχός

ቀሺ.
ιερέας

ናውቲ

εργαλεία

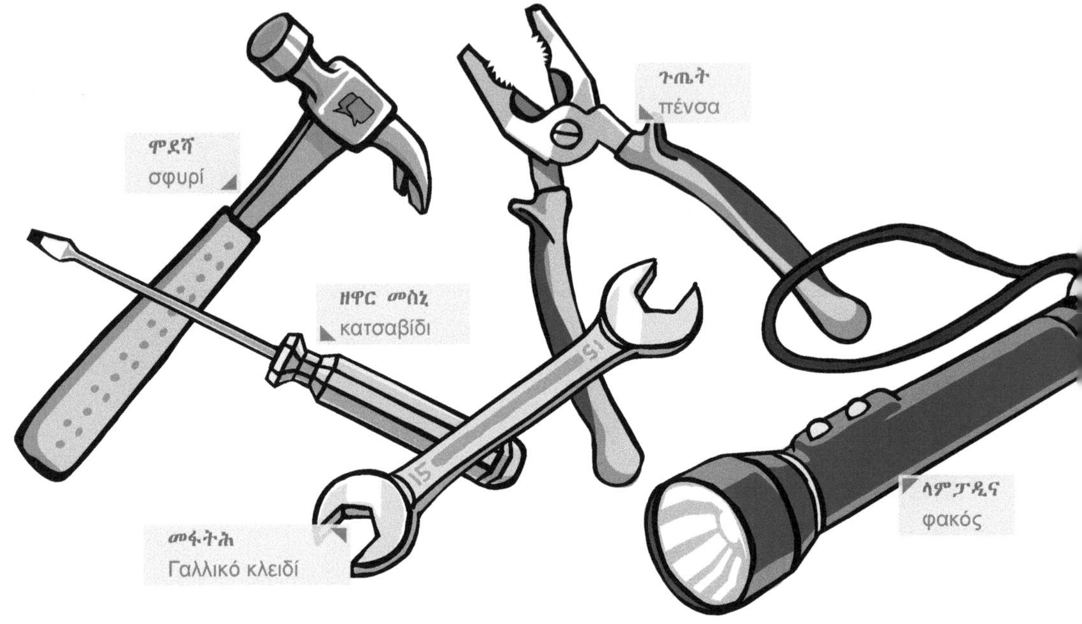

ሞደሻ
σφυρί
ጉጠት
πένσα
ዘዋር መስኒ
κατσαβίδι
መፍትሕ
Γαλλικό κλειδί
ላምፓዲና
φακός

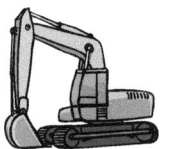

ፈሓሪ

εκσκαφέας

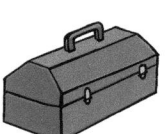

ናውቲ ቦክስ

εργαλειοθήκη

መደያይቦ

σκάλα

መጋዝ

πριόνι

መስማር

καρφιά

ኰዓቲ

τρυπάνι

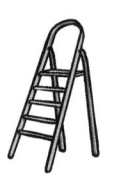

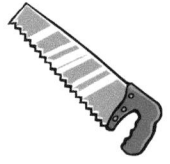

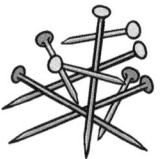

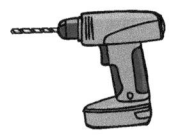

ምዕራይ
....
επισκευάζω

ባደላ
....
φτυάρι

ኣይ!
....
Να πάρει!

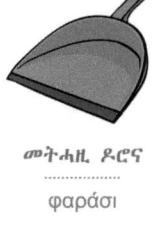

መትሓዚ ዶሮና
....
φαράσι

ድስቲ ቀለም
....
δοχείο χρωμάτων

ካቻቢተ
....
βίδες

ከበሮታት
ντραμς

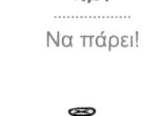

እስፒከር
μεγάφωνο

ጊታር
κιθάρα

▼ ረጉድ ዓባይ
ጊታር
κοντραμπάσο

ትሮምፐት
τρομπέτα

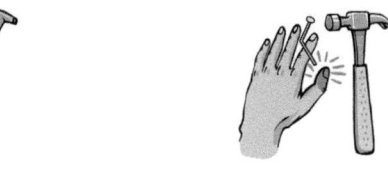

ፒያኖ

πιάνο

ቪዮሊን

βιολί

ባስ ጊታር

μπάσο

ቲምንኢ

τύμπανα

ከቦሮ

τύμπανο

አርጋን

πλήκτρα

ሳክሶፎን

σαξόφωνο

ሻምብቆ

φλάουτο

ሚክሮፎን

μικρόφωνο

መካነ እንስሳታት
ζωολογικός κήπος

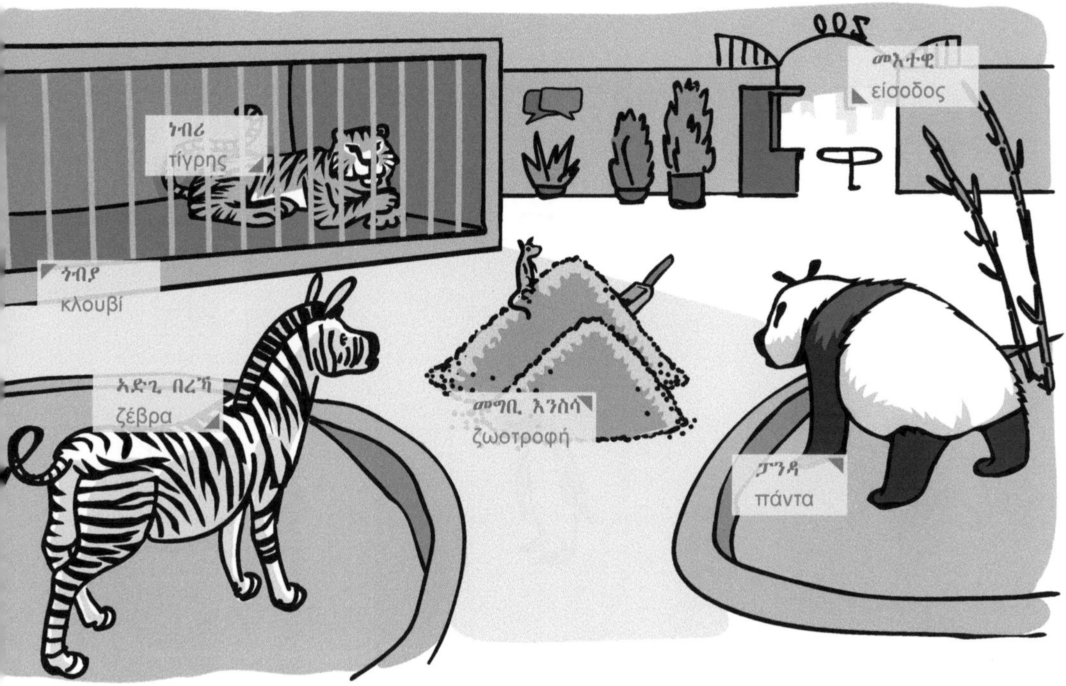

ነብሪ
τίγρης
ጎብያ
κλουβί
ኣድጊ በረኻ
ζέβρα
መግቢ እንስሳ
ζωοτροφή
መእተዊ
είσοδος
ፓንዳ
πάντα

እንስሳታት
ζώα

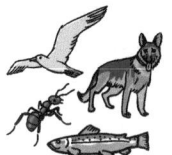

ሓርማዝ
ελέφαντας

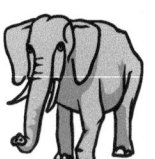

ካንጋሩ
καγκουρό

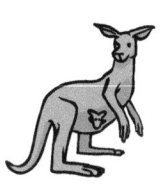

ሓሪሽ
ρινόκερος

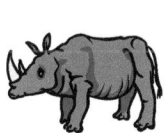

ጉሪላ
γορίλας

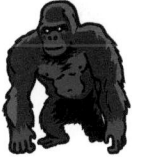

ድቢ
αρκούδα

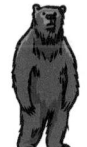

ገመል
καμήλα

ሰጎን
στρουθοκάμηλος

አንበሳ
λιοντάρι

ህበይ
πίθηκος

ፍላሚንጎ
φλαμίνγκο

ሕንጻይ
παπαγάλος

ድቢ በረድ
πολική αρκούδα

ፐንጉን
πιγκουίνος

ከልቢ ዓሳ
καρχαρίας

ጣውስ
παγώνι

ተመን
φίδι

ሓርገጽ
κροκόδειλος

ሓላዊ ቤት ገርድሽ
φύλακας ζωολογικού κήπου

ዓሳ ዚምገብ እንስሳ ባሕሪ
φώκια

ጃጓር
τζάγκουαρ

ሓጺር ፈረስ
πόνυ

ነብሪ
λεοπάρδαλη

ጉማረ
ιπποπόταμος

ጁራፍ
καμηλοπάρδαλη

ሊላ
αετός

መፍለስ
αγριογούρουνο

ዓሳ
ψάρι

ጐብየ
χελώνα

ዋልሩስ
θαλάσσιος ίππος

ወኻርያ
αλεπού

ሰሰሓ
γαζέλα

ናይ ኣሜሪካ ኩዕሶ እግሪ
Αμερικάνικο ποδόσφαιρο

ምዝዋር ብሽግለታ
ποδηλασία

ተኒስ
αντισφαίριση

ባስኬትባል
μπάσκετ

ምሕምበስ
κολύμβηση

ቦክሲንግ
πυγχαμία

ሆኪ በረድ
χόκεϊ επί πάγου

ኩዕሶ እግሪ
....
ποδόσφαιρο

ባድሚንተን
....
μπάντμιντον

እስፖርታዊ ንጥፈታት
....
στίβος

ኩዕሶ ኢድ
....
χάντμπολ

ስኪ
....
σκι

ፖሎ
....
πόλο

ንጥፈታት

δραστηριότητες

ነጠረ
πηδάω
ሓቖፈ
αγκαλιάζω
ሰሓቐ
γελάω
ከደ
περπατάω
ደረፈ
τραγουδάω
ሓለመ
ονειρεύομαι
ጸለየ
προσεύχομαι
ሰዓመ
φιλάω

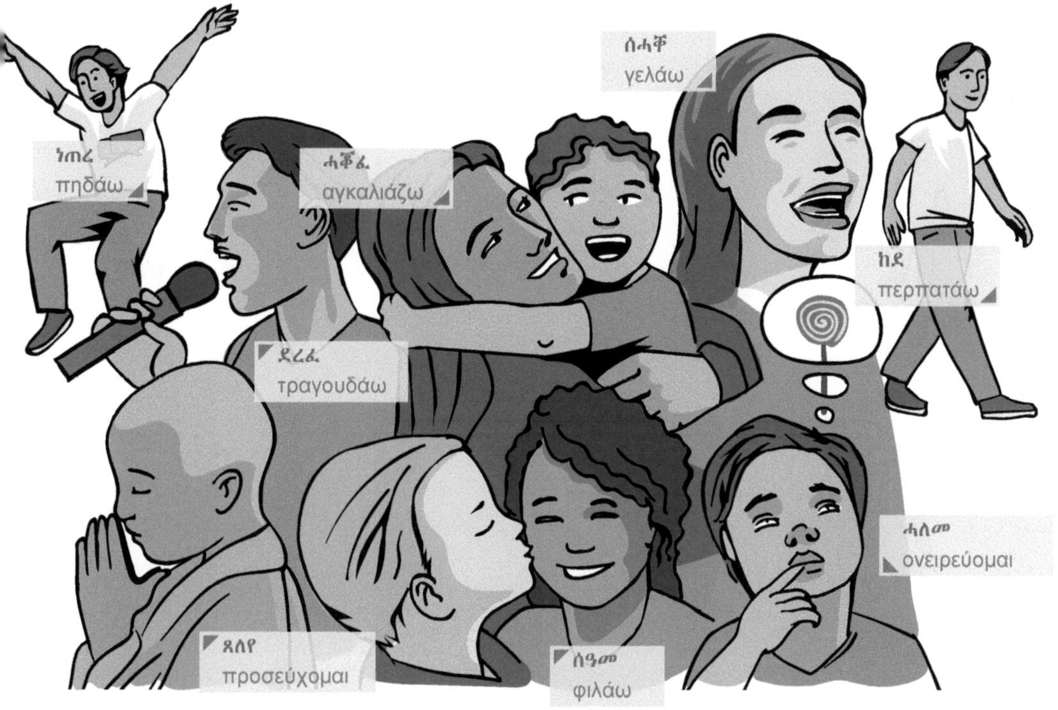

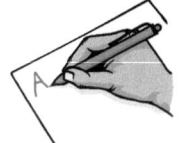

ጸሓፈ

....

γράφω

ሰኣለ

....

σχεδιάζω

ኣርኣየ

....

δείχνω

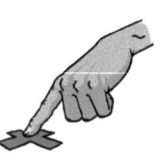

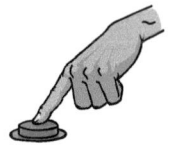

ደፍአ

....

πιέζω

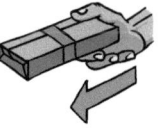

ሃበ

....

δίνω

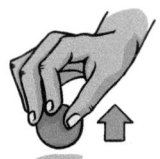

ወሰደ

....

παίρνω

አለወ
....
έχω

ገበረ
....
κάνω

ኮነ
....
είμαι

ጠጠው በለ
....
στέκομαι

ጎየየ
....
τρέχω

ሰሐበ
....
τραβάω

ሰንደወ
....
ρίχνω

ወደቐ
....
πέφτω

ሓሰወ
....
ξαπλώνω

ተጸበየ
....
περιμένω

ሰከም
....
κουβαλώ

ኮፍ በለ
....
κάθομαι

ተኸድነ
....
φοράω

ደቀሰ
....
κοιμάμαι

ተስአ
....
ξυπνάω

ረኣየ
κοιτάω

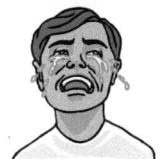

በኸየ
κλαίω

ብኣጻብዑ ደረዘ
χαϊδεύω

መሸጠ
χτενίζω

ተዛረበ
μιλάω

ተረድአ
καταλαβαίνω

ሓተተ
ρωτάω

ሰምዐ
ακούω

ሰተየ
πίνω

በልዐ
τρώω

ኣጽመጠ
συγυρίζω

ኣፍቀረ
αγαπάω

ከሸነ
μαγειρεύω

ዘወረ
οδηγώ

ነፈረ
πετάω

ብመርከብ ገየሸ
κάνω ιστιοπλοΐα

ደመረ
υπολογίζω

አንበበ
διαβάζω

ተመሃረ
μαθαίνω

ሰርሐ
δουλεύω

መርዓወ
παντρεύομαι

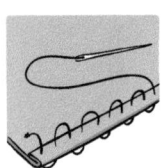

ሰፈየ
ράβω

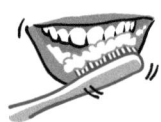

ጽሬት አስናን
βουρτσίζω τα δόντια

ቀተለ
σκοτώνω

ሽጋራ ተከኸ
καπνίζω

ሰደደ
στέλνω

ስድራቤት

οικογένεια

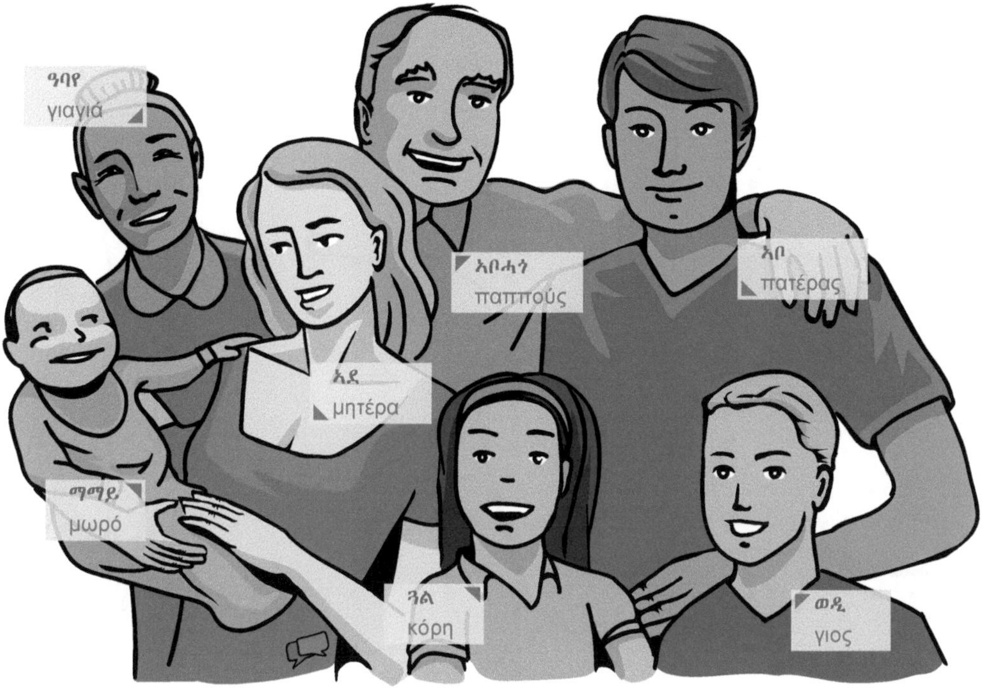
ዓባየ
γιαγιά
ኣቦሓጎ
παππούς
ኣቦ
πατέρας
ኣደ
μητέρα
ማማይ
μωρό
ጓል
κόρη
ወዲ
γιος

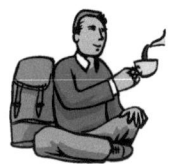

ጋሻ

....

καλεσμένος

ሓትኖ

....

θεία

ኣኮ

....

θείος

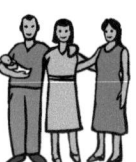

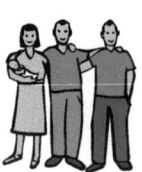

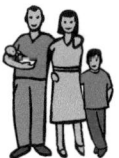

ሓው

....

αδελφός

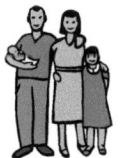

ሓፍቲ

....

αδελφή

ኣካላት

σώμα

ግንባር
μέτωπο
ዓይኒ
μάτι
መንኩብ
ώμος
ኣጻብዕ
δάχτυλο
ገጽ
πρόσωπο
መንከስ
πιγούνι
ኢድ
χέρι
ኣፍ-ልቢ
στήθος
ሽፋን እግሪ
πόδι
ምናት
βραχίονας

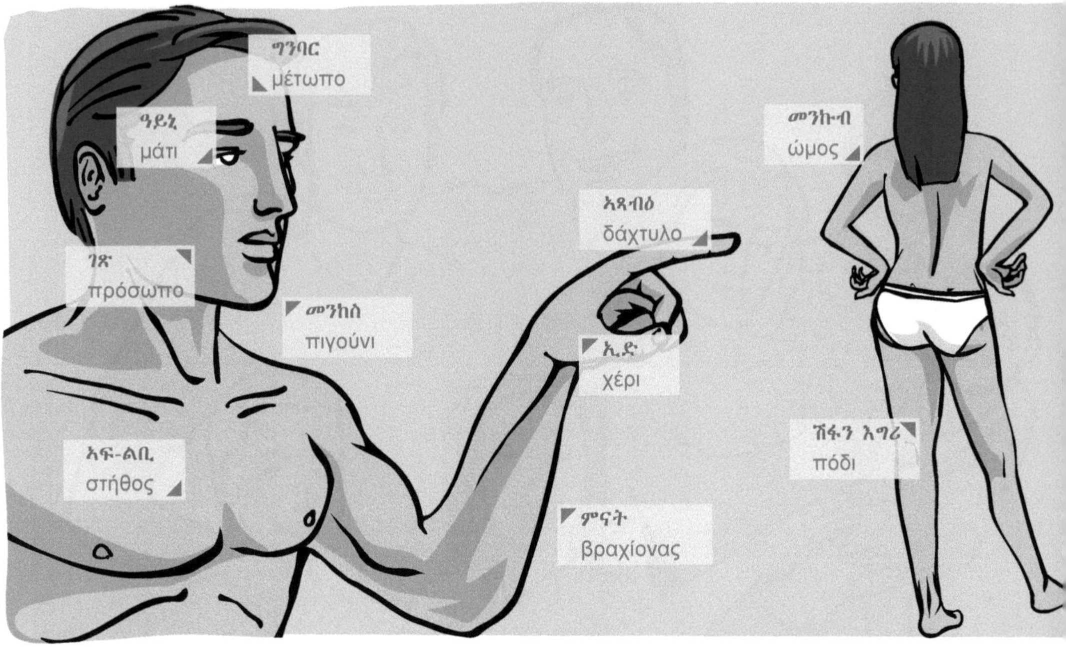

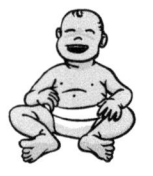

ማማይ

μωρό

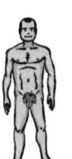

ሰብኣይ

άνδρας

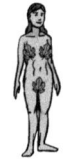

ሰበይቲ

γυναίκα

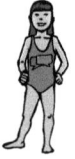

ጓል

κορίτσι

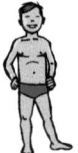

ወዲ

αγόρι

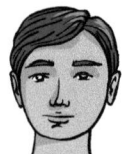

ርእሲ

κεφάλι

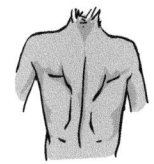

ሕቖ

πλάτη

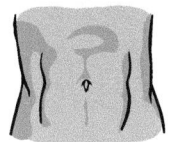

ከስዐ

κοιλιά

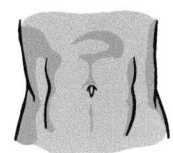

ሕምብርቲ

αφαλός

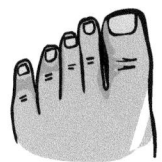

ኣጻብዕ እግሪ

δάχτυλο ποδιού

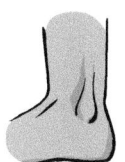

ኩርኵረ

φτέρνα

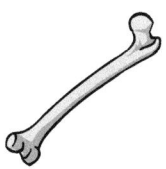

ዓጽሚ

κόκκαλο

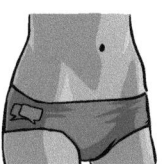

ምሕኮልቲ

γοφός

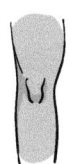

ብርኪ

γόνατο

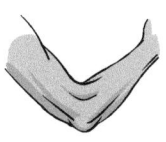

ፍግፍጕ

αγκώνας

ኣፍንጫ

μύτη

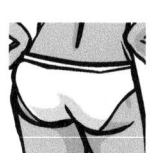

መዓኮር

γλουτός

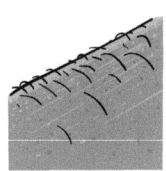

ቆርበት

δέρμα

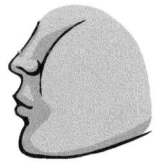

ምዕጕርቲ

μάγουλο

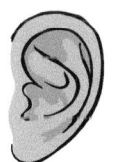

እዝኒ

αυτί

ከንፈር

χείλος

አፍ

στόμα

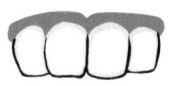

ስኒ

δόντι

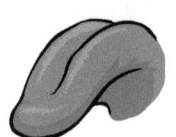

መልሓስ

γλώσσα

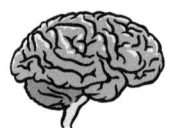

ሓንጎል

εγκέφαλος

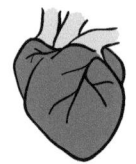

ልቢ

καρδιά

ጭዋዳ

μυς

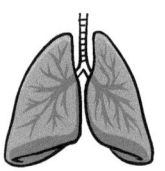

ሳንቡእ

πνεύμονας

ጸላም ከብዲ

συκώτι

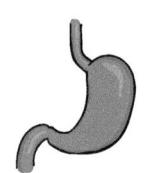

ከብዲ

στομάχι

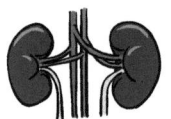

ኩሊት

νεφρά

ግብረ ስጋ

σεξουαλική επαφή

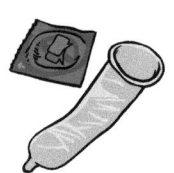

ኮንዶም

προφυλακτικό

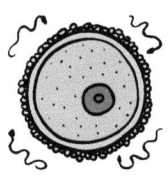

እንቋቍሓ

ωάριο

ዘርኢ ተባዕታይ

σπέρμα

ጥንሲ

εγκυμοσύνη

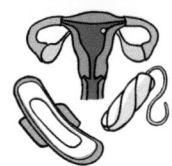

ጽግያት
περίοδος

ርሕሚ
γυναικείος κόλπος

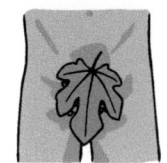

መትሎ
πέος

ሽፋሽፍቲ
φρύδι

ጸጉሪ
μαλλιά

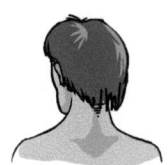

ክሳድ
λαιμός

ሆስፒታል

νοσοκομείο

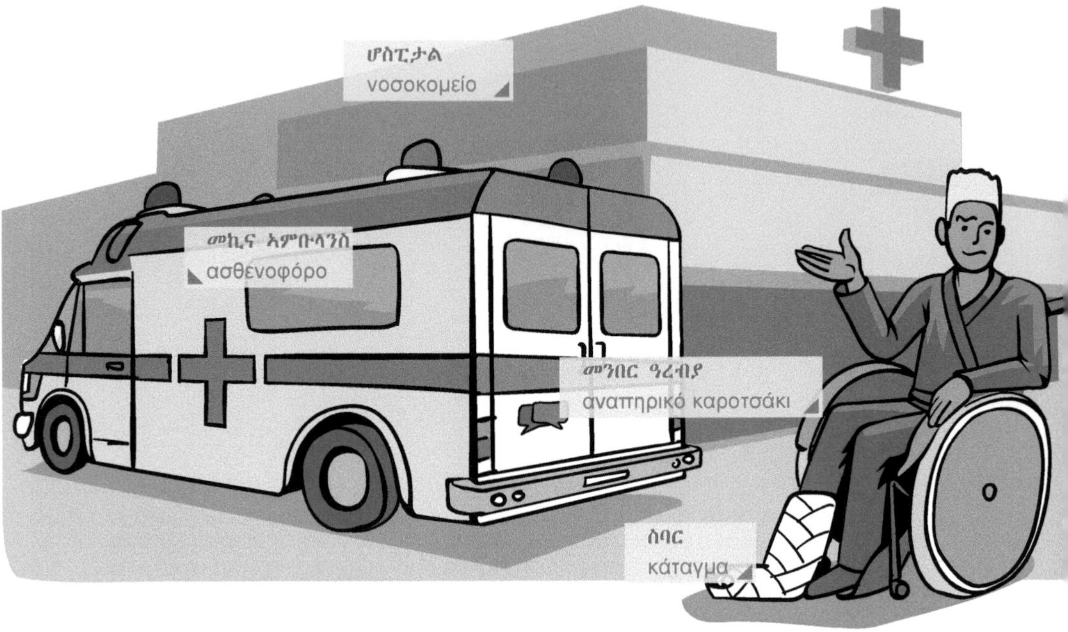

ሆስፒታል
νοσοκομείο
መኪና ኣምቡላንስ
ασθενοφόρο
መንበር ዓረብያ
αναπηρικό καροτσάκι
ስባር
κάταγμα

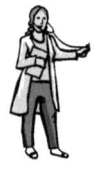

ሓኪም

γιατρός

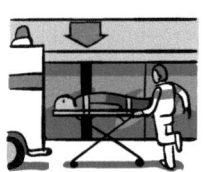

ክፍሊ ህጹጽ ረድኤት

μονάδα εντατικής θεραπείας

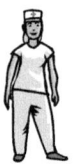

ኣላይት

νοσοκόμα

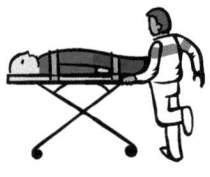

ህጹጽ ኩነት

έκτακτη ανάγκη

ውነኡ ዘጥፍአ

λιπόθυμος

ቃንዛ

πόνος

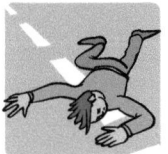

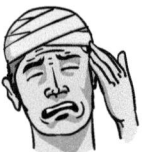

ጉድኣት
τραύμα

ደም
αιμορραγία

ማህረምቲ
έμφραγμα

ማህረምቲ
εγκεφαλικό

ኣለርጂ
αλλεργία

ሰዓል
βήχας

ረስኒ
πυρετός

ኡንፍልወንዛ
γρίπη

ውጽኣት
διάρροια

ቃንዛ ርእሲ
πονοκέφαλος

መንሽሮ
καρκίνος

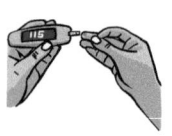

ሹኮርያ
διαβήτης

ሓኪም መጥባሕቲ
χειρουργός

መጥብሒ
νυστέρι

መጥባሕቲ
εγχείρηση

CT

αξονική τομογραφία

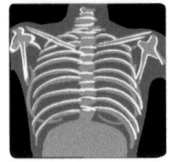

ራ፝ጂ

ακτινογραφία

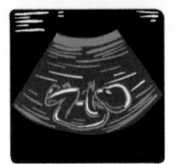

ልዕለ ድምፅዊ

υπέρηχος

መሸፈኒ ገጽ

μάσκα

ሕማም

ασθένεια

ክፍሊ ምጽባይ

αίθουσα αναμονής

ምርኩስ

πατερίτσα

መጅነኒ ቐስሊ

χάνσαπλαστ

መጅነኒ

επίδεσμος

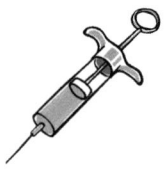

መርፍዕ ምውጋእ

ένεση

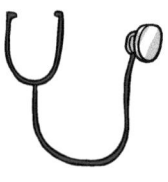

ስተቶስኮፕ

στηθοσκόπιο

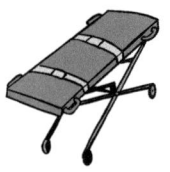

መሰከሚ ሕማም

φορείο

ቴርሞመተር

θερμόμετρο

ትውልዲ

γέννηση

ልዕለ-ሚዛን

υπέρβαρο

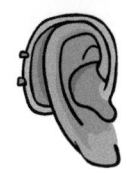

ሓገዝ ምስማዕ

ακουστικό βαρηκοΐας

ኣንጸሒ

αντισηπτικό

ልበዳ

λοίμωξη

ቫይረስ

ιός

ኤድስ

HIV/AIDS

ሕክምና

φάρμακο

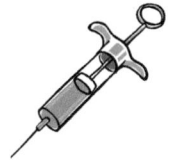

ክታብ

εμβολιασμός

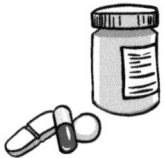

ኪኒና

δισκία

ኪኒና

χάπι

ህጹጽ ምድዋል

κλήση έκτακτης ανάγκης

መዐቀኒ ጸቕጢ ደም

πιεσόμετρο αίματος

ሕሙም / ጥዑይ

άρρωστος / υγιής

ሓገዝ
Βοήθεια!

ኣላርም
συναγερμός

ምህጃም
βιαιοπραγία

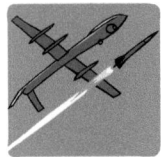

መጥቃዕቲ
επίθεση

ድንገት
κίνδυνος

ህጹጹ መውጽኢ
έξοδος κινδύνου

ሓዊ!
Φωτιά!

መጥፍኢ ሓዊ
πυροσβεστήρας

ሓደጋ
ατύχημα

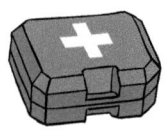

ሳንጣ ቀዳማይ ረድኤት
κουτί πρώτων βοηθειών

SOS
SOS

ፖሊስ
αστυνομία

ኤውሮጳ

Ευρώπη

ሰሜን አሜሪካ

Βόρεια Αμερική

ደቡብ አሜሪካ

Νότια Αμερική

አፍሪቃ

Αφρική

ኤስያ

Ασία

አውስትራልያ

Αυστραλία

አትላንቲክ

Ατλαντικός Ωκεανός

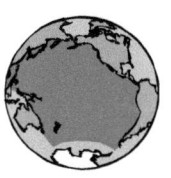

ፓሲፊክ

Ειρηνικός Ωκεανός

ህንዳዊ ዉቅያኖስ

Ινδικός Ωκεανός

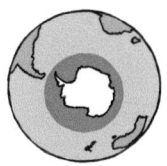

አንታርቲካዊ ዉቅያኖስ

Ανταρκτικός Ωκεανός

አርክቲካዊ ዉቅያኖስ

Αρκτικός Ωκεανός

ሰሜናዊ ዋልታ

Βόρειος Πόλος

ደቡባዊ ዋልታ
....
Νότιος Πόλος

አንታርቲካ
....
Ανταρκτική

ምድሪ
....
Γη

መሬት
....
γη

ባሕሪ
....
θάλασσα

ደሴት
....
νησί

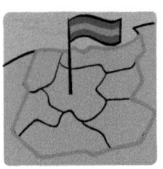

ሃገር
....
έθνος

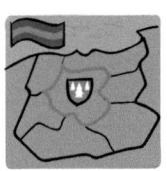

ዓዲ
....
πολιτεία

ገጽ ሰዓት
καντράν ρολογιού

አመልካቲ ሰዓታት
ωροδείκτης

አመልካቲ ደቃይቛ
λεπτοδείκτης

አመልካቲ ካልኢት
δείκτης δευτερολέπτων

ሰዓት ክንደይ አሎ?
Τι ώρα είναι;

መዓልቲ
ημέρα

ግዜ
χρόνος

ሕጂ
τώρα

ዲጊታል ሰዓት
ψηφιακό ρολόι

ደቒቛ
λεπτό

ሰዓት
ώρα

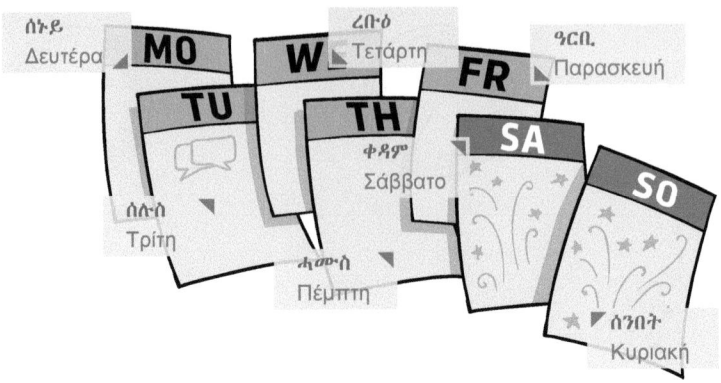

ትማሊ.
χθες

ሎሚ
σήμερα

ጽባሕ
αύριο

ንጉሆ
πρωί

ቀትሪ
μεσημέρι

ምሽት
βράδυ

መዓልታት ስራሕ
εργάσιμες ημέρες

መወዳእታ ሰሙን
Σαββατοκύριακο

ዓመት

έτος

ዝናብ
βροχή
ቀስተ-ደመና
ουράνιο τόξο
በረድ
χιόνι
ንፋስ
άνεμος
ጽድያ
άνοιξη
ቀውዒ
φθινόπωρο
ሓጋይ
καλοκαίρι
ክረምቲ
χειμώνας

4.APRIL 11°
5.APRIL 4°
6.APRIL 13°
7.APRIL 8°
8.APRIL 10°

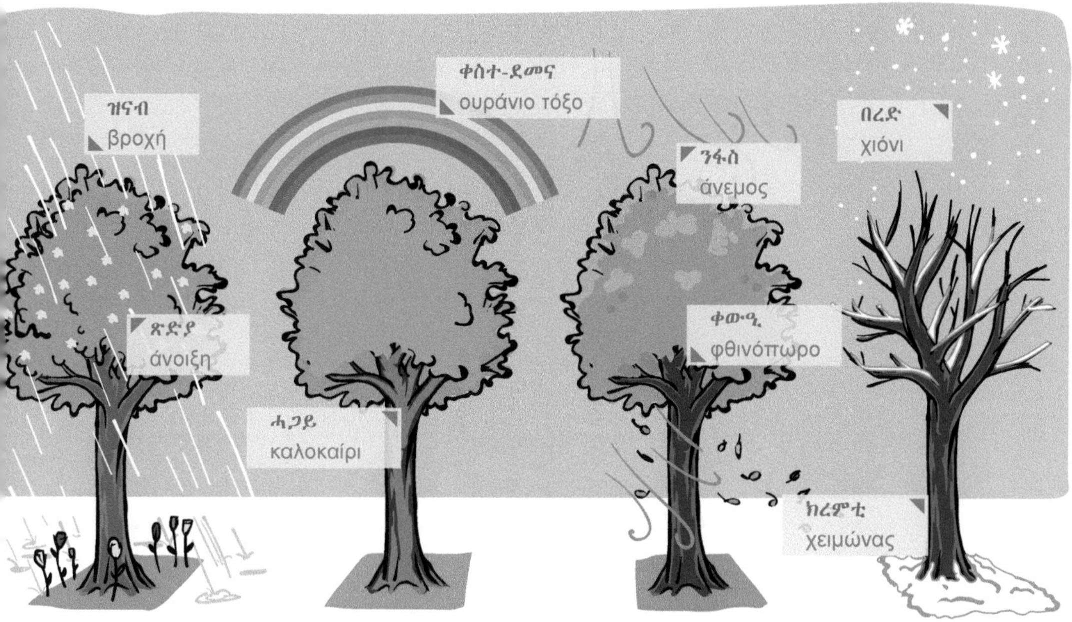

ትንቢት ኩነታት ኣየር
....
πρόγνωση καιρού

F C
120 40
90 30
60 20
30 10
0 0
-30 -10
-20

ቴርሞመተር
....
θερμόμετρο

ብርሃን ጸሓይ
....
λιακάδα

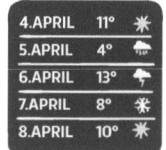

ደበና
....
σύννεφο

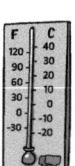

ግመ
....
ομίχλη

ጠሊ
....
υγρασία

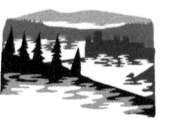

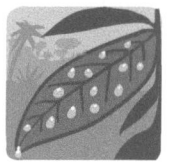

ብርቂ

αστραπή

ነጎዳ

κεραυνός

ህቦብላ

καταιγίδα

በረድ

χαλάζι

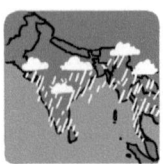

ብርቱዕ ህቦብላ

μουσώνας

ውሕጅ

πλημμύρα

በረድ

πάγος

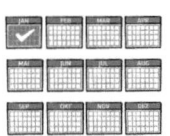

ጥሪ

Ιανουάριος

ለካቲት

Φεβρουάριος

መጋቢት

Μάρτιος

ሚያዝያ

Απρίλιος

ጉንበት

Μάιος

ሰነ

Ιούνιος

ሓምለ

Ιούλιος

ነሓሰ

Αύγουστος

ዓመት - έτος

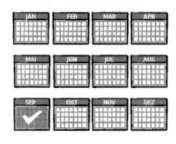

መስከረም

Σεπτέμβριος

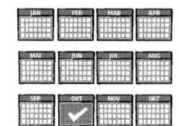

ጥቅምቲ

Οκτώβριος

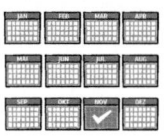

ሕዳር

Νοέμβριος

ታሕሳስ

Δεκέμβριος

ቅርጻታት
σχήματα

ዙርያ

κύκλος

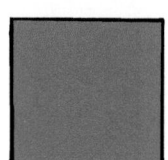

ትርብዒት

τετράγωνο

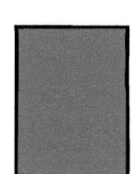

ቅኑዕ ርቡዕ ኩርናዕ

ορθογώνιο
παραλληλόγραμμο

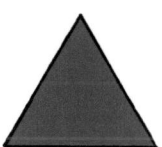

ስሉስ ኩርናዕ

τρίγωνο

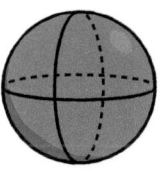

ክቢ

σφαίρα

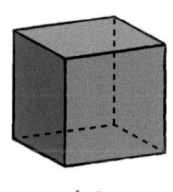

ኩቦ

κύβος

ጸዕዳ
....
άσπρο

ብጫ
....
κίτρινο

አራንሺ
....
πορτοκαλί

ፒንክ
....
ροζ

ቀይሕ
....
κόκκινο

ጁኸ
....
μωβ

ሰማያዊ
....
μπλε

ቀጠልያ
....
πράσινο

ቡናዊ
....
καφέ

ሓሙኽሽታይ
....
γκρι

ጸሊም
....
μαύρο

ብዙሕ / ውሑድ

πολύ / λίγο

ሕሩቕ / ሰላማዊ

θυμωμένος / ήρεμος

ጽቡቕ / ክፉእ

όμορφος / άσχημος

መጀመርያ / መወዳእታ

αρχή / τέλος

ዓቢ / ንእሽቶ

μεγάλος / μικρός

ብሩህ / ጸልማት

φωτεινός / σκοτεινός

ሓው / ሓፍት

αδελφός / αδελφή

ጽሩይ / ርሳሕ

καθαρός / λερωμένος

ምሉእ / ዘይምሉእ

πλήρης / ατελής

መዓልቲ / ለይቲ

ημέρα / νύχτα

ሙዉት / ህልው

νεκρός / ζωντανός

ሰፊሕ / ጸቢብ

φαρδύς / στενός

ደስ ዘበል / ደስ ዘይብል

βρώσιμος / μη βρώσιμος

እኩይ / ህያዋይ

κακός / ευγενικός

ርቡጽ / ስልኩይ

ενθουσιασμένος / βαριεστημένος

ረጊድ / ቀጢን

παχύς / λεπτός

ቀዳማይ / ናይ መወዳእታ

πρώτος / τελευταίος

ዓርኪ / ጸላኢ

φίλος / εχθρός

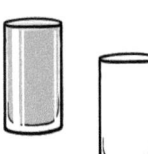

ምሉእ / ባዶ

γεμάτος / άδειος

ተሪር / ልስሉስ

σκληρός / μαλακός

ከቢድ / ፈኵስ

βαρύς / ελαφρύς

ጥምየት / ጽምየት

πείνα / δίψα

ሕሙም / ጥዑይ

άρρωστος / υγιής

ዘይሕጋዊ / ሕጋዊ

παράνομος / νόμιμος

መስተውዓሊ / ስዲ

έξυπνος / χαζός

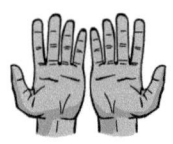

ጸጋም / የማን

αριστερός / δεξιός

ቐረባ / ርሑቕ

κοντινός / μακρινός

ኣንጻራት - αντίθετα

ሓዲሽ / ብሉይ
καινούριος / μεταχειρισμένος

ዋላ ሓደ / ገለ
τίποτα / κάτι

ዓቢ/ኣረጊት / መንእሰይ
γέρος | νέος

ወልዕ / ኣጥፍእ
αναμμένος / σβηστός

ክፉት / ዕጹው
ανοιχτός / κλειστός

ህዱእ / ዓው
χαμηλόφωνος / μεγαλόφωνος

ሃብታም / ድኻ
πλούσιος / φτωχός

ቅኑዕ / ግጉይ
σωστός / λανθασμένος

ሓርፋፍ / ልሙጽ
τραχύς / λείος

ጉሁይ / ሕጉስ
λυπημένος / χαρούμενος

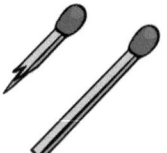

ሓጺር / ነዊሕ
κοντός / μακρύς

ቀስ / ቅልጡፍ
αργός / γρήγορος

ጥሉል / ንቑጽ
υγρός / στεγνός

ምዉቕ / ዝሑል
ζεστός / δροσερός

ውግእ / ሰላም
πόλεμος / ειρήνη

0
ዜሮ
μηδέν

1
ሓደ
ένα

2
ክልተ
δύο

3
ሰለስተ
τρία

4
አርባዕተ
τέσσερα

5
ሓሙሽተ
πέντε

6
ሽዱሽተ
έξι

7
ሸውዓተ
εφτά

8
ሸሞንተ
οκτώ

9
ትሽዓተ
εννιά

10
ዓሰርተ
δέκα

11
ዓሰርተ ሓደ
έντεκα

12
ዓሰርተ ክልተ
δώδεκα

13
ዓሰርተ ሰለስተ
δεκατρία

14
ዓሰርተ ኣርባዕተ
δεκατέσσερα

15
ዓሰርተ ሓሙሽተ
δεκαπέντε

16
ዓሰርተ ሽዱሽተ
δεκαέξι

17
ዓሰርተ ሽውዓተ
δεκαεφτά

18
ዓሰርተ ሽምንተ
δεκαοκτώ

19
ዓሰርተ ትሽዓተ
δεκαεννέα

20
ዕስራ
είκοσι

100
ሚእቲ
εκατό

1.000
ሽሕ
χίλια

1.000.000
ሚልዮን
εκατομμύριο

እንግሊዝኛ

Αγγλικά

አመሪካዊ እንግሊዛዊ

Αμερικάνικα Αγγλικά

ቻይናዊ ማንዳሪን

Μανδαρίνικα Κινέζικα

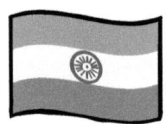

ሂንዳዊ

Χίντι

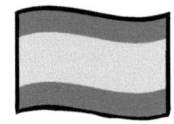

እስጳኛዊ

Ισπανικά

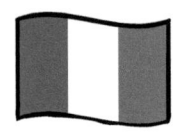

ፈረንሳዊ

Γαλλικά

ዓረባዊ

Αραβικά

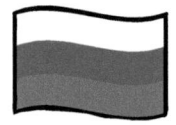

ሩሲያዊ

Ρώσικα

ፖርቱጋላዊ

Πορτογαλικά

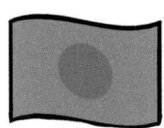

በንጋሊ

Μπενγκάλι

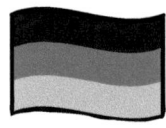

ጀርመናዊ

Γερμανικά

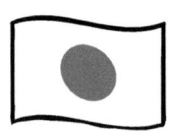

ጃፓናዊ

Ιαπωνικά

አነ

εγώ

ንስኻ/ኺ

εσύ

ንሱ / ንሳ / ንሱ

αυτός / αυτή / αυτό

ንሕና

εμείς

ንስኻ

εσείς

ንሳቶም

αυτοί / αυτές / αυτά

መን?

ποιος / ποια / ποιο;

እንታይ?

τι;

ከመይ?

πώς;

አበይ?

πού;

መዓስ?

πότε;

ሽም

όνομα

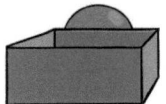

ድሕሪ

πίσω

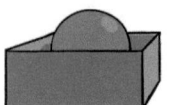

ኣብ

μέσα

ኣብ ቅድሚ

μπροστά

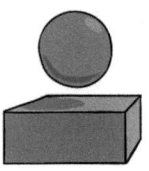

ኣብ ላዕሊ

πάνω από

ኣብ ልዕሊ

πάνω

ትሕቲ ምድሪ

κάτω

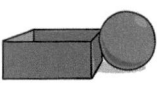

ኣብ ጥቓ

δίπλα

ኣብ መንጎ

ανάμεσα

ቦታ

μέρος